보좌를 경험하라 2

보좌를 경험하라2

1판 1쇄 발행 | 2024년 11월 11일

저　　자 | 허남억
발 행 인 | 허남훈
발 행 처 | 창과 방패
출판등록 | 2024년 9월 26일

주　　소 | 경기도 용인시 기흥구 동백중앙로 177, 4층 409호
전　　화 | 031) 266-1225
팩　　스 | 0504) 007-3326

값 12,000원

ISBN 979-11-989884-1-6. 03230

ⓒ 판권 저자 소유
이 책은 일부분이라도 저자의 허락 없이는 무단복제 할 수 없습니다.
Printed in Korea

자기 백성에게 보내는 하나님의 최고 선물

보좌를 경험하라! 2

저자 허남억

창과 방패

모르드개가 이 모든 일을 알고
자기의 옷을 찢고 굵은 베 옷을 입고
재를 뒤집어쓰고 성 중에 나가서 대성통곡하며
대궐문 앞까지 이르렀으니
굵은 베 옷을 입은 자는 대궐문에 들어가지 못함이라
에스더 4:1-2

에스더가 모르드개에게 회답하여 이르되
당신은 가서 수산에 있는 유다인을 다 모으고
나를 위하여 금식하되 밤낮 삼 일을 먹지도 말고 마시지도 마소서
나도 나의 시녀와 더불어 이렇게 금식한 후에
규례를 어기고 왕에게 나아가리니 죽으면 죽으리라 하니라
에스더 4:15-16

제삼 일에 에스더가 왕후의 예복을 입고
왕궁 안뜰 곧 어전 맞은편에 서니
왕이 어전에서 전 문을 대하여 왕좌에 앉았다가
왕후 에스더가 뜰에 선 것을 본즉 매우 사랑스러우므로
손에 잡았던 금 규를 그에게 내미니
에스더가 가까이 가서 금 규 끝을 만진지라
왕이 이르되
왕후 에스더여 그대의 소원이 무엇이며 요구가 무엇이냐
나라의 절반이라도 그대에게 주겠노라 하니
에스더 5:1-3

서문

열린 문 앞에 서는 자

목적지가 없는 배는 역풍을 만나지 않습니다. 바람 부는 대로 밀려가면 되기 때문입니다. 그러나 목적지가 분명한 배는 역풍을 만납니다. 더불어 흔들리는 것을 두려워하지 않습니다. 흔들리지 않고 항해하는 배는 없다는 것을 스스로 알기에 역풍과 흔들림을 감내하고 항해를 시작합니다. 배는 항구에 정박해 있기 위함이 아니라 항해하기 위해 건조되었기 때문입니다.

그리스도 예수 안에 들어온 사람은 세상 속에서 세상과 반대 방향으로 살아갑니다. 몰아치는 역풍에 맞서서 항해하는 배처럼 두려움 없이 구원을 이루어갑니다. 예수님을 믿는다는 이유로 자기에게 일어나는 모든 일을 하나님의 뜻으로 포장하지 않습니다. 바람이 부는 대로 흘러가는 수동적인 사람이 되지도 않습니다. 대신 구원을 이루어야 하고, 사명을 가진 자로서 하나님 앞에서 할 일을 묻습니다. 그리고 자신을 변화시키기를 주저하지 않습니다. 구원을 이루는 과정에서 자기 안의 걸림돌을 발견하고 제거함으로써 날마다 새로워집니다.

　우리는 모두 이루어야 할 목표가 있고, 또 목표를 이루기 위해 가야 할 길이 있습니다. 그것은 사람의 길이 아니라 하나님의 길입니다. 하나님은 우리보다 차원 높은 생각을 가지고 계시며, 우리가 알지 못하는 수많은 방법을 제시하십니다. 하나님을 주인으로 모신 사람은 자기 생각과 방법을 고집하지 않습니다. 대신 하나님의 생각과 방법대로 쓰임 받기 위해 하나님 앞에서 훈련받을 것이며, 훈련의 과정을 통해 깨어지고, 깨어짐을 통해 변화하고 성숙할 것입니다.
　하나님의 일은 하나님의 방법으로만이 가능합니다. 사람의 방법은 자기만족을 위한 도구일 뿐입니다. 하나님 앞에서 가장 큰 죄인은 자기 사명을 이루지 못한 사람이라는 것을 알면, 우리는 자신의 사명을 묻고 그것을 이루는 길을 또한 묻고 따라야 합니다.

　하나님께서 사람을 새롭게 하시는 방법은 깨어짐입니다. 하나님의 길을 가고자 하는 사람은 깨어짐과 부서짐을 두려워하지 않아야 합니다. 우리가 깨어지지 않고 부서지지 않으면서 하나님과 하나 될 수는 없습니다. 이미 하나님께서 깨어지고 부서진 분이시기 때문입니다.

　하나님의 사람은 하나님을 손님으로 맞이한 것이 아닙니다. 자신의 주인으로 모신 사람입니다. 집의 주인이 바뀌면 모든 것이 바뀝니다. 먼저 청소와 도배를 하고, 가구와 가전을 새로운 것으로 배치합니다. 자고 일어나는 시간이 바뀌고, 식사시간과 메뉴가 바뀝니다. 뿌려야 할 씨앗과 일하는 방법이 바뀝니다. 옛 주인이 사용하던 것은 이제 흔적이 없습니다. 좋은 새 주인의 뜻과 방법에 자신을 맞추어야 합니다. 옛 주인의 종으로 길들어졌던 모든 것을 새롭게 바꾸어야 새 주인과 살아갈 수 있습니다.

그런데 우리의 생각은 여전히 나약하고, 상태는 여전히 악하며, 습관은 죄에 익숙합니다. 그러나 이제 그리스도 안에서 구원을 이루어가는 사람은 이전의 이런 모든 것을 바꾸어야 합니다.

하나님 앞에 서고자 하는 사람은 하나님의 거룩하심 같이 자신을 거룩하게 변화시켜야 합니다. 하나님은 사랑하는 자녀에게 친히 그 방법을 말씀하셨고, 말씀하신 방법대로 자신을 변화시키고자 애쓰는 자녀를 기다리십니다.

우리는 '상대적' 하나님이 아니라 '절대적' 하나님을 믿는 자들입니다. 하나님 앞에서 우리는 먼지와 같은 존재입니다. 자기주장이나 자기 방법을 억지 주장해서는 안됩니다. 하나님은 모든 일을 그 마음의 원하는 대로 역사하시는 분이시기 때문입니다.

대신 우리는 매 순간 하나님의 인도하심 안에서 살아가고 있음을 고백할 수 있어야 합니다. 하나님의 말씀으로 자신을 기경하며, 자신을 허무는 우상숭배와 자신을 묶고 있는 상처와 원한을 하나씩 제거해야 합니다. 그리고 자신의 문제와 억압에서 빠져나올 수 있어야 합니다.

신앙의 문제는 자신을 돌아보지 않는 것에 있습니다. 예수 그리스도의 보혈이 모든 죄를 씻고 모든 것을 새롭게 하지만, 사람이 고집하며 붙잡고 있는 죄는 건드리지 않습니다. 하나님 앞에서 새롭게 되기를 원하는 사람은 숨겨져 있던 죄와 상처, 붙잡고 있던 자기 의와 탐욕을 깨뜨리고, 또 익숙한 습관과 생각까지 고쳐야 합니다. 그때 하나님께서 새로운 길을 제시하십니다.

하나님 앞에서 자기를 고집할 필요는 없습니다. 자신의 속마음과 실패를 숨길 필요도 없습니다. 만약 우리가 하나님 앞에서 속마음을 숨긴다면 우리 역시 가룟 유다가 될 수 있습니다. 하나님 앞에서 자신의 실패를 숨기지 않아야 합니다. 불순종한 사울 왕처럼 되고 싶지 않다면 말입니다.

하나님 앞에 무릎 꿇은 사람이 모든 것을 할 수 있는 사람입니다. 순종은 자기를 포기한 소수의 사람만이 할 수 있습니다. 모든 일을 자기의 뜻대로 결정하시고 일하시는 하나님의 계획에 따를 용의가 있고, 변화를 두려워하지 않는 사람만이 순종에 동참할 수 있습니다. 과연 누가 끝까지 무릎 꿇고 순종할 수 있겠습니까? 우리가 정말 하나님을 사랑한다면 무조건 순종할 수 있어야 합니다. 전적인 순종은 하나님의 사람이 가져야 할 당연한 의무이기 때문입니다.

우리에게는 하나님께서 주신 독특한 부르심과 사명이 있습니다. 이것이 없는 사람은 없습니다. 우연히 이 시대, 이 땅을 살아가는 것이 아닙니다. 하나님의 세밀한 계획에 따라 우리가 오늘을 살아가고 있습니다. 우리 모두 하나님의 계획을 이루는 자로 하나님 보좌 앞에 서도록 소속을 분명히 하여야 합니다. 주인이 누구인지 바로 인식하고 주인의 뜻을 물어야 합니다. 그때 길을 만드시고 길을 여시는 하나님께서 모든 것을 알게 하실 것입니다.

하나님은 우리가 입맛대로 만든 하나님이 아니라 우리를 지으신 주인이십니다. 하나님은 우리가 더 성숙한 사람으로 이 땅을 살아가며, 자신과 세상을 변화시키길 원하십니다.

그런데 '왜 우리는 힘없고 능력 없는 모습으로 이 땅을 살아갈까? 왜 매일같이 닥쳐오는 문제에 빠져 한 치 앞을 보지 못할까? 무엇이 잘못된 것일까?' 고민하며 하나님 앞으로 나아가길 원하는 이들에게 이 책이 도움이 되면 좋겠습니다.

이 책은 저의 개인적 경험과 신앙, 그리고 치유의 관점에서 집필되었습니다. 어떤 이에게는 도움이 되고, 누군가에게는 부담이 되며, 어떤 이는 도전을 받고, 누군가는 마음이 불편할 것입니다. 또 판단하기 좋아하는 이들에게는 비판의 빌미가 될 것입니다. 그럼에도 출판하는 이유는 하나님 앞에서 변화와 성숙을 원하는 이들에게 작은 힘이 되고, 문제의 막다른 골목에서 주저앉은 이들에게 작은 길이 되길 희망하기 때문입니다.

2024년 9월 동백의 작은 서재에서
저자 허남억 목사

C·O·N·T·E·N·T·S

서 문 — 열린 문 앞에 서는 자

성막 뜰 — '사람들이 왜 여기서 돌아가지? 저건 자기들이 만든 십자가인데!'

성막의 문 ·· 17

성막 뜰 ·· 21
　·지성과 의지　·몸 - 성령의 전　·제사장의 일

번제단 ·· 31
　·의지　·번제단의 의미　·성소로 - 아브라함　·성소로 - 요셉

물두멍 ·· 43
　·지성　·씻음의 의미　·회개　·우상숭배　·용서　·불완전한 자기사랑

성막 뜰의 기도 ·· 61
　·'자기 의'의 기도　·바울 - 바리새인 예배자　·감동　·위장된 친밀함
　·한계상황　·성소로

성소(안뜰)　❋　보좌를 경험하라

은밀한 안뜰 ··· 94
성소 안으로 ·· 96
　·마음의 집　·비움　·감정　·아이의 감정이입　·감정과 삶
　·감정 - 이기심　·깨어짐의 의미
떡상 ·· 128
　·자기의 - 우상　·부서진 알곡　·하나님의 일
등대 ·· 142
　·자연적 본성　·본성의 열매　·일곱 영
분향단 ·· 151
　·중보의 상급　·소돔과 고모라　·이리로 올라오라!
성소(안뜰)의 기도 ·· 164
　·친밀한 기도　·돌파의 시작　·사랑의 중보

변화와 성숙　❋　오직 사랑 안에서 참된 것을 하여
　　　　　　　　　　범사에 그에게까지 자랄지라

구원의 과정 ··· 183
　·소수정예　·믿음의 영향력　·겸손　·사랑의 모양

미주&참고문헌 ··· 202

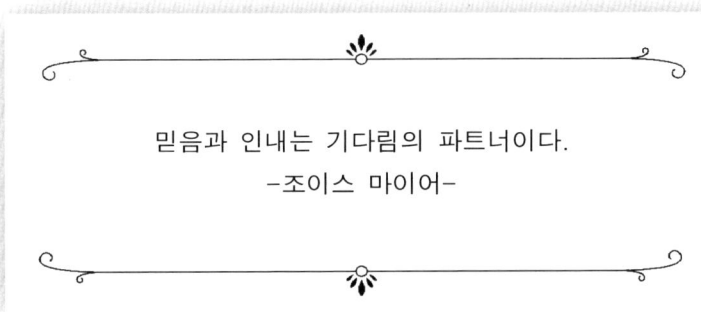

믿음과 인내는 기다림의 파트너이다.
-조이스 마이어-

성막 뜰

'사람들이 왜 여기에서 돌아가지?
저건 자기들이 만든 십자가인데!'

하늘에서 땅을 내려다 보고 있었습니다. 그때 높은 산 아래, 등산을 하려고 안내판을 올려다보는 사람이 보였습니다. 모자를 쓰고 배낭을 메고 양손에 등산지팡이를 잡고 있었습니다. 그 사람의 모습이 점점 가까워지는데 바로 저였습니다. 저의 등산복장 그대로였습니다. "저 사람은 나잖아!" 하는 순간 저는 1인칭이 되어 안내판을 올려다 보았습니다.

입구부터 산중턱까지는 넓은 실선으로 길이 표시되어 있고, 더 위쪽은 구불구불하게 좁은 실선으로 표시되어 있었습니다. 길을 확인하고 고개를 돌려 산을 올려다 보았습니다. 멀리 보이는 산꼭대기에 작지만 밝은 빛이 보였습니다. '저게 무슨 빛일까?' 생각하는데 그 빛 안에 빛보다 더 밝게 빛나는 붉은 빛의 십자가가 보였습니다.

산을 오르는 길은 왕복 2차선으로 잘 포장되어 있었습니다. 많은 차가 다닌 도로라는 것을 한 눈에 알 수 있었습니다. 걸어가는 동안 고급 승용차들이 많이 올라가고 또 내려갔습니다. 절반쯤 올라가니 큰 회차로가 있었습니다. 회차로 가운데 화단이 있고,

화단 가운데 콘크리트로 만든 큰 십자가가 세워져 있었습니다. 언뜻보기에 아파트 4~5층 정도의 높이였습니다.

　주변에는 차들이 군데군데 주차되어 있었습니다. 정장이나 한복으로 말끔하게 차려입은 사람들이 십자가를 바라보기도 하고 주위를 돌기도 했습니다. 화단 주위에는 성경을 읽는 사람, 찬송하는 사람, 기도하는 사람들이 있었습니다. 그리고 십자가 뒤쪽 회차로 건너편에 큼지막한 동굴이 있었습니다. 몇몇 여성분이 동굴 안을 들여다 보고 있었습니다. 순간 저는 동굴 안쪽에서 동굴을 들여다 보는 사람들의 표정을 볼 수 있었습니다. 신기하다는 듯한 눈빛과 표정이었지만 안으로 들어오는 사람은 없습니다.

　다시 밖에서 주변을 둘러보는데 모든 사람이 만족한 듯 미소를 띠고 있었습니다. 동굴 안을 보던 여성분들이 돌아서서 십자가 쪽으로 걸어왔습니다. 다른 사람들이 계속 올라오고, 그곳에 있던 사람들은 차를 타고 내려갔습니다. 순간 한 생각이 머리를 스쳤습니다.

'사람들이 왜 여기에서 돌아가지?
저건 자기들이 만든 십자가인데!'

　사람들은 꼭대기의 빛과 십자가에는 관심이 없었습니다. 올려다 보지도 않았습니다. 그곳에서는 정상에 있는 밝은 빛과 붉은 십자가는 나무에 가려 잘 보이지 않았습니다.

　'어떻게 올라갈까? 분명 길이 있을 텐데?' 주변을 한참 찾았습니다. 그러다가 약 90cm 정도 높이의 바위 위에 누군가가 이끼를

밟은 흔적이 보였습니다. 바위에 올라 보니 나뭇가지 사이로 혼자서 지나갈 정도의 작은 길이 보였습니다. 자칫하면 찾을 수 없을 정도였습니다. 조심스럽게 뛰어내렸습니다.

바위 너머의 길은 온통 작은 바위와 돌들이 뒤섞여 있었습니다. 쓰러져 있는 나무들을 이리저리 피하기도 하고 큰 바위들을 오르내리기도 하며 조심해서 가다 보니 앞쪽에 깊고 넓은 계곡이 나타났습니다. 길이 끊어져 있었습니다. 주변을 둘러보니 다행히 조금 위쪽에 커다란 통나무가 계곡을 가로질러 놓여 있었습니다. 나무는 이미 오래되어 껍질은 벗겨지고 속살은 짙은 갈색으로 변해 있었습니다. 지나간 사람이 거의 없는듯 이끼가 많이 자라고 있었습니다.

조심스레 나무를 건너 올라가다 보니 꼭대기까지 연결된 구불구불한 길이 보였습니다. '우리가 올라가야 할 곳은 저 아래 큰 십자가가 세워진 교차로가 아니라 이 길 끝에 있는 저 꼭대기가 분명하구나!'라고 생각할 때 전화벨이 울렸습니다.

평소 아침마다 1시간 이상 기도한다고 말한 지인이었습니다. 어디 있느냐고 물으니 산에서 그리 멀리 않는 곳에 텐트를 치고 있다면서 아프고 배고프고 힘들다고 했습니다. "거기 기다리세요." 하고는 산을 내려가 그의 텐트를 방문했습니다.

평소 건강하고 당당한 사람인데, 너무나 지치고 힘들어 보였습니다. "좀 기다려요. 먹을 것 좀 사다 드릴게."하면서 밖으로 나가다가 돌아보니 어느새 이불 안에 들어가 머리까지 덮고 누워 있었습니다. 순간 '이대로 두면 성인자폐로 가는데!'라는 생각이 들었고 텐트 밖으로 나오자 꿈에서 깨어났습니다.

성막의 문

　광야 여정 중에 만든 성막 뜰을 둘러싼 세마포 포장은 동쪽면과 서쪽면은 각각 너비 22.8m, 높이 2.28m, 남쪽면과 북쪽면은 각각 너비 45.6m, 높이 2.28m입니다. 성막의 전체 넓이는 약 315평 정도입니다. 만일 하나님께서 사람의 손으로 만든 성막이 임재와 영광을 나타내기에 합당할 정도의 크기를 원하셨다면, 태산보다 더 크게 만들도록 하셨을 것입니다. 그러나 하나님은 사람이 손으로 만든 곳에 거하지 않으십니다. 하나님께서 직접 새롭게 조성하시고 만드신 영원한 성전이 있기 때문입니다.

　하나님은 태초에 혼돈하고 공허한 땅에 질서를 부여하셨습니다. 새롭게 조성하셨고 그 땅에 거니셨습니다. 그래서 성경은 땅을 하나님의 발판이라 합니다. 하나님은 새롭게 조성하신 땅으로 사람을 지으시고 생기를 불어넣으셔서 생령이 되게 하셨습니다. 하나님께서 새롭게 조성하시고 손으로 만드신 것은 사람입니다.

사람은 새롭게 조성된 흙으로 지음을 받았기 때문에 하나님의 질서에 따라야 할 의무가 있습니다.

하나님은 땅에 거니시며 사람 안에 거하길 원하십니다. 소망이 없이 죽은 우리를 살리신 하나님은 땅도 회복하길 원하십니다. 땅은 결코 사람이 함부로 대할 대상이 아닙니다. 지금 우리가 살아가는 땅은 하나님께서 심판하실 곳이 아니라 회복하실 곳입니다.

우리는 작은 성전이고 땅은 큰 성전입니다. 이것을 보여주는 그림이 바로 모세에게 만들라고 하신 성전입니다.

영		지성소	성전
혼	정	성소/떡상·등대·분향단	예루살렘
	지	물두멍	
	의	번제단	
몸		성 막 뜰	가나안

하나님은 애굽을 출발한 이스라엘 백성에게 후일 정복해야 할 땅과 사람의 구조를 성막을 통해 보여주셨습니다.

이스라엘은 지상 최고의 통치자인 바로에 의해 고통받았습니다. 비돔과 라암셋을 건축하며 학대받았습니다. '비돔'은 애굽인들이 스스로 태어난 신으로 믿는 '아툼의 집(부동산)'을 의미합니다. 라암셋은 '람세스의 집'을 의미합니다. 애굽에 머물던 이스라엘은 죄의 종으로서 우상의 전을 건축하고, 교만과 탐욕을 위한 성을 쌓아가던 우리의 옛 모습을 보여줍니다. 하나님은 출애굽과 가나안 정복 전쟁을 통해 죄의 종으로 세상에 살았던 우리가 어떻게 하나님의 성전이 되어 가는지 보여주셨습니다. 또 성막을 통해 우리가 하나님의 성전이 되기 위해 어떻게 해야 하는지 보여주셨습니다. 동시에 광야를 지나야 하는 이스라엘에게는 앞으로 있을 가나안 정복 전쟁의 의미를 미리 보여주셨습니다.

하나님은 보시기에 심히 좋으셨던 땅의 영광을 회복하길 원하십니다. 땅은 하나님의 것이기 때문입니다. 우리는 땅을 더럽힌 것에 대하여 책임을 져야 하며, 땅을 정결케 하는 일에도 책임을 져야 합니다.[1]

성막 뜰로 들어가는 길은 한 곳뿐입니다. 성막의 동쪽면 가운데 난 문은 청색 자색 홍색실과 가늘게 꼰 베실로 수놓아 짠 것으로 너비 9.12m, 높이 2.28m입니다. 그리고 문 앞에 모세와 아론과 그의 아들들이 머물렀습니다.

모세의 이름의 뜻은 '아들' 입니다. 하나님을 대면한 사람이며 세상에서 가장 온유한 사람입니다. 아론의 이름의 뜻은 '고귀함' 입니다. 거룩한 종교예식의 실행자입니다. 신앙과 종교는 하나님을 찾아갈 이유를 가르쳐 줍니다. 또 찾아갈 수 있는 문이 됩니다.
자신의 약함과 악함을 알고 절대자를 의지하려는 욕구에서 종교와 신앙이 시작됩니다. 그러나 종교는 자신에게 하나님을 맞추고,

신앙은 하나님께 자신을 맞춥니다. 종교는 자신이 있는 곳으로 하나님을 불러내리고, 신앙은 하나님이 계신 곳으로 가기 위해 자신을 돌아봅니다. 종교는 자기 소원을 이루기 위해 손에 든 것을 드리고, 신앙은 하나님과의 관계를 위해 자신을 드립니다.

　종교와 신앙은 하나님을 찾아가는 시작점입니다. 그러나 걸어가는 여정에 따라 서로 점점 더 멀어집니다.

성막 뜰

성막 뜰에서 보이는 동쪽면과 서쪽면에는 각각 10개의 놋받침과 금기둥이 있습니다. 남쪽면과 북쪽면에는 각각 20개의 놋받침과 금기둥이 있습니다. 이렇듯 뜰의 사면은 높이 2.28m의 금기둥 60개가 세마포장과 출입하는 휘장을 받치고 둘러져 있습니다.

모세와 아론과 그 아들들이 머무는 곳을 지나 동쪽면에 있는 휘장을 열고 들어가면 정면에 번제단이 보이고, 번제단 너머로 성소의 휘장이 보입니다. 그리고 번제단과 성소 사이에 물두멍이 있습니다.

성막 뜰은 우리의 몸에 해당합니다. 사방에 둘러친 흰 세마포장은 몸을 둘러싼 피부를 뜻합니다. 피부는 유약하고 쉽게 베이고 찢어지는 세마포와 같습니다. 우리는 가는 곳마다 벗겨진 피부세포를 흘리고 다니며, 집 안의 전체 먼지 가운데 최고 90%까지를 차지하는 것이 죽은 피부입니다.[2] 그러나 피부는 어떤 폭풍과

혹한과 폭염에도 당당히 맞설 수 있는 몸의 갑옷입니다. 피부 안쪽은 100조 개의 세포가 긴밀하게 하나로 결합된 완전체입니다.

몸은 영혼을 담고 하나님처럼 행동할 수 있는 눈에 보이는 실체입니다. 기쁨과 슬픔에 반응하고 공감합니다. 세상에 자신을 보이고 하나님을 대신해 세상에서 하나님의 뜻을 실행합니다.

몸에는 그 사람의 과거와 현재와 미래가 기록되어 있습니다. 사람의 마음은 보이지 않지만, 그의 눈이 향하는 곳, 손이 가리키는 곳, 발이 향하거나 멈추는 곳, 그곳이 마음에 들어있는 것입니다. 몸은 마음을 보여주는 거울이기 때문입니다. 하나님은 성막을 통해 영과 혼과 몸의 상태를 고스란히 보여주셨습니다.

지성과 의지

지성은 "생각하고 지각할 수 있는 기능, 곧 사물을 분별하고 이해하고 판단하는 기능"입니다. 의지는 "성향(자기가 알게 된 것을 좋아하거나 싫어하고, 기뻐하거나 꺼려하고, 인정하거나 거부하는 존재)의 지배를 받아 행하고자 하는 것"입니다.[3]

우리는 성장하면서 지성을 계발하는데 많은 열정을 쏟습니다. 학교 교육 이전부터 지성을 계발하고 확립하는 이유는 자신이 원하는 삶의 틀을 만들고 자기 목적을 이루어 가려는 생각 때문입니다. 보고 듣고 느끼는 모든 것을 체계화하고 의지를 움직여 기필코 그 일을 이루고야 맙니다. 그래서 사고는 지성의 결정체이고, 행위는 의지의 결정체입니다. 이 둘은 항상 서로를 필요로 하며 상호보완적입니다.

게네사렛 호숫가에서 시몬의 배에 오르신 예수님은 "깊은 데로 가서 그물을 내려 고기를 잡으라"고 하셨습니다. 이때 시몬의 대답 안에는 지성과 의지가 서로를 보완하고 협력하고 있다는 것을 보여줍니다.

> 시몬이 대답하여 이르되 선생님 우리들이 밤이 새도록 수고하였으되 잡은 것이 없지마는 말씀에 의지하여 내가 그물을 내리리이다 하고 눅 6:5.

말씀을 받아들이는 지성과 그물을 내리는 의지가 순차적으로 움직이고 있습니다. 그런데 시몬은 "우리들이 밤이 맞도록 수고하였으되"라면서 자신들이 의지로 한 일을 먼저 말했습니다. 그들이 했던 일은 이미 길들어진 습관이었습니다. 다행히 시몬은 자신의 지성을 포기하고 대신 예수님의 말씀을 받아들였습니다. 그리고 의지를 발휘했고 심히 많은 고기를 잡았습니다.

사람의 자연적 의지는 목적한 일을 성취하도록 힘을 공급합니다. 동시에 의지는 원수가 안으로 침투해 들어오는 원인이 되기도 하고 원수가 추방되는 요인이 되기도 합니다.[4] 그러므로 하나님께 복종하지 않는 사람의 본성적 의지는 하나님의 도구가 될 수 없습니다. 사물을 사고하고 판단하는 본성적 지성도 하나님의 도구가 될 수 없습니다. 타락한 본성에서 나오는 것은 그것이 때로 선하고 유용하게 사용될지라도, 언제든지 죄의 도구가 될 수 있기 때문입니다.

생각은 눈에 보이고 귀에 들리는 것에 따라 수시로 바뀝니다. 조그마한 손해나 이익에도 민감합니다. 자신을 높이고 자신을 우선시하는 타락한 본성을 가지고 있기 때문입니다. 하나님께서 거하시는 영처럼 거듭나지 않았기 때문에 매 순간 복종시키고 새로워져야 합니다. 그렇지 않으면 자기 마음대로 상상하거나 거짓을 만들어냅니다. 사실을 축소하거나 과장하고 합리적이라는 지표를 들고 자신을 정당화합니다.

그러나 성경은 분명히 생각을 사로잡아 복종시키라고 합니다.

생각을 주관하는 감정의 활동이 하나님께서 주시고자 하는 자유가 아니기 때문입니다. 우리가 특별히 유의해야 할 것은 사탄이 아니라 하나님입니다. 회개한다는 이유로 죄와 악에 집중하다가 하나님을 놓치는 일이 없어야 합니다. 축복에 집중하다가 하나님을 잃어버리는 일도 당연히 없어야 합니다.

몸 – 성령의 전

하나님은 자기의 형상대로 사람을 지으시고 생기를 불어 넣으셨습니다. '형상'은 '~의 그림자'라는 의미입니다. 그러므로 사람은 '하나님의 그림자'이며, 하나님의 본성을 부여받은 존재입니다.

흙으로 지어진 지극히 육적인 몸이지만, 안에는 지극히 영적인 것을 담고 있습니다. 그래서 몸은 하나님을 담고 있는 존재, 하나님을 대신하여 세상을 다스리는 존재입니다.

몸이 비록 아담 안에서 죄를 짓고 죄에 내어준 것이 되었지만, 하나님께서 예수님의 피로 값을 지불하고 산 하나님의 것이 되었습니다. 그래서 하나님은 몸을 성령의 전이라 선언하셨습니다.

그러나 몸은 죄를 담고 있었고 죄에 길들어진 상태였습니다. "죄 없다." 하심을 받았지만 어디까지나 법적 선언일 뿐입니다. 그리스도 예수 안에 들어온 사람은 죄에 익숙하게 길들어진 생각과 몸의 습관을 고쳐야만 합니다. 죄는 생각을 변질시키고 또 몸에 새겨지기 때문입니다.

바울은 로마교회를 향하여 "몸의 행실을 죽이면 살 것"이라고 했습니다. 우리 몸은 눈에 보이는 살과 뼈와 피와 장기로 되어 있고, 그 안에는 눈에 보이지 않는 무수히 많은 것들을 담고 있습니다. 교만, 거짓, 탐욕, 음란, 나태, 우울함, 비굴함 등이 몸 안에 자리 잡고 있습니다. 이 모든 것이 몸을 통해 자신의 정체를 드러냅니다. 그것이 몸의 행실입니다. 한 번으로 끝나는 것이 아니라 습관적으로 반복합니다. 몸의 행실을 죽인다는 말은 몸을 습관적으로 길들인 옛것을 고친다는 뜻입니다. 이런 것들로 길들어져 있는 한 성령의 전이라 칭함은 받아도 성전으로서의 역할은 할 수 없습니다. 의식하지 못하는 순간에 또다시 습관적인 죄를 짓게 될 것이기 때문입니다.

우리는 자신이 미처 깨닫지 못하고 있는 오래된 죄성을 버릴 수 있어야 합니다. 그렇지 않으면 은혜 안에 있다고 하면서도 언제든지 죄를 지을 수 있기 때문입니다. 죄를 몸에 품고서 하나님 앞으로 나아가려는 생각은 무지 중의 무지입니다.

제사장의 일

성막에 들어서면 제물을 잡으려는 제사장들과 살기 위해 발버둥치는 제물들의 생사를 건 싸움터를 보게 됩니다. 제사장들은 제물을 무조건 죽여야만 했습니다. 제물들의 울부짖음과 발버둥을 뒤로한 채 잔인해져야 했습니다. 그리고 백성은 소와 양과 염소와 비둘기를 드림으로써 하나님 앞에서 본분을 다한 것으로 생각했습니다.

그러나 살찐 황소를 드려도 하나님을 기쁘시게 할 수 없습니다. 하나님이 살찐 황소를 기뻐하신다면 황소를 키운 사람이 가장 사랑받을 것입니다. 천 천의 수양으로도 하나님께 나아갈 수 없습니다. 성막 뜰만 밟을 뿐입니다.

번제가 드려지는 성막 뜰은 날마다 소와 양과 염소와 비둘기가 울부짖고 피 흘리는 도살장이자 피바다였습니다. 자신들이 번제물인 것을 알고 얌전히 목숨을 내어놓을 짐승이 있겠습니까? 주인의 생명을 대신해 자원하여 번제물이 된 짐승이 있겠습니까?

제사장들의 옷은 이미 피로 얼룩져 있고, 사방은 날마다 흘린 피로 맨땅이 보이지 않습니다. 묵은 피비린내와 짐승을 태운 노린내가 진동합니다. 이곳은 성막에 속한 뜰이 아니었으면 지옥이란 표현이 더 맞는 곳입니다.

이곳에서 제사장들은 제물을 잡고 피를 뽑고 가죽을 벗기고

각을 뜨고 내장과 정강이를 물로 씻고 단 위에서 불살랐습니다. 이때 꼭 필요한 것이 칼입니다. 번제단의 부속 기구는 갈고리와 부삽과 대야와 재를 담는 통과 불 옮기는 그릇뿐입니다. 이 중에 칼은 없습니다. 당시는 청동기 시대에서 철기시대로 접어드는 시기였습니다. 당시 이스라엘의 손에는 철제 칼이 없었습니다.

광야 시대와 여호수아를 거쳐 사사 시대가 지나고 사울이 왕이 되었을 당시에도 이스라엘에는 농기구를 벼리는 기술조차 없었습니다. 전쟁하는 군사들의 손에도 칼이나 창이 없었고 사울과 요나단의 손에만 있었습니다.

광야의 성막에서 제사장들은 청동제 칼로 소와 양과 염소를 잡고 가죽을 벗기고 각을 뜨고 번제를 드렸습니다. 쉬운 일이 아니었습니다. 의지가 없이는 결코 할 수 없는 일이었습니다. 아버지 야곱으로부터 "그들의 칼은 폭력의 도구"라는 말을 들었던 레위의 후손이 하나님을 위해 칼을 사용했습니다. 자기 목적을 위해 의지를 발동시켰던 레위였습니다. 그러나 후손들은 자기 목적을 위한 의지를 죽이고 대신 하나님을 위해 의지를 선용했습니다.

제사장의 직책은 사람이 가질 수 있는 가장 거룩한 직책입니다. 그런데 정작 제사장은 날마다 소와 양과 염소를 잡고 피를 뽑아야 했습니다. 뽑은 피를 단 사면에 뿌리고 제물을 단 위에서 불태워야 했습니다. 비둘기의 머리를 비틀어 끊고 단 곁에 피를 흘리고 단 위에서 불태워야 했습니다. 쉬운 일이 아니었습니다. 보기에 좋고 아름다운 일도 아니었습니다. 하나님께서 이토록 잔인해 보이는 제사를 날마다 드리도록 한 이유가 무엇이겠습니까?

　광야 여정 동안 짐승을 키운다는 것은 여간 힘든 일이 아니었습니다. 백성이 마실 물이 없고 먹을 양식도 없었습니다. 물론 만나를 먹고 생수를 마셨습니다. 그러나 짐승이 집단적으로 마실 만큼 사방에 물이 넘치는 것은 아니었습니다. 그런데 하나님은 자기가 사랑하는 백성에게 매일 아침과 저녁으로 수양을 잡아 번제로 드리라 하셨습니다.

　광야 40년 동안 하루 2번씩 29,200번의 번제를 드렸습니다. 눈앞에 일이 생길 때마다 애굽으로 돌아가기를 원하고, 애굽의 고기 가마를 그리워하는 백성에게 40년 동안 만나를 먹이신 분이 하나님이십니다. 그런데 정작 하나님은 매일 두 마리씩 40년 동안 29,200마리의 수양을 번제로 드리라 하셨습니다. 우리는 이 일을 어떻게 받아들여야 하겠습니까? 하나님께서 이스라엘에게 말씀하신 아침과 저녁 제사는 단순한 제사가 아니었습니다.

번제단

성막 안으로 들어서면 가장 먼저 놋으로 만든 번제단이 눈에 보입니다. 크기는 각 면이 2.28m인 정사각형 구조이고, 높이는 1.37m입니다. 제단이라는 말은 사실 '도살하는 장소'라는 뜻입니다.5)

우리는 소와 양과 염소와 비둘기의 성품과 의지를 소유하고 있습니다. 제아무리 좋은 성품을 가지고 있고 의지가 강하더라도 자신의 영원을 개척할 수는 없습니다. 그것으로 하나님을 만족시킬 수도 없습니다. 심히 부패하고 가증한 것이 사람의 마음이기 때문입니다.

하나님의 마음에 합한 사람 다윗도 자신이 언제든지 죄를 지을 마음 상태라는 것을 경험했습니다. 그리고 기도했습니다.

> 하나님이여 내 속에 정한 마음을 창조하시고 내 안에 정직한 영(루아흐, רוח)을 새롭게 하소서 시 51:10.

'정직한 영'의 관주를 보면 '견고한 영'으로 되어 있습니다. 동시에 영으로 번역된 '루아흐(רוח)'는 감정, 지적작용, 의지의 중심지입니다.[6] 바로 우리의 마음, 혼을 가리킵니다. 반드시 새롭게 변화되어야 할 부분이 바로 견고한 혼, 자아입니다.

하나님은 이스라엘의 왕 사울에게 아말렉의 모든 것을 남기지 말고 진멸하라고 하셨습니다.

> 지금 가서 아말렉을 쳐서 그들의 모든 소유를 남기지 말고 진멸하되 남녀와 소아와 젖 먹는 아이와 우양과 낙타와 나귀를 죽이라 하셨나이다 하니 삼상 15:3.

아말렉은 자기만족을 위해 살아가는 육체적 자아를 대표합니다. 아말렉은 광야 길의 방해꾼이고 여정의 훼방꾼이었습니다. 애굽에서 나와 광야를 지나가던 이스라엘 자손이 물이 없는 르비딤에서 모세를 원망할 때, 바란 광야 가데스에서 하나님을 불신한 백성들과 하나님 사이에 틈이 생겼을 때 싸움을 걸어온 족속입니다.

오로지 자기만족을 위해 살아가는 이 악은 몸이 지쳐 피곤하거나 마음이 힘들 때 반드시 고개를 치켜듭니다. 이웃의 약점을 들추어내고 이웃의 실패를 즐거워합니다. 하나님의 계획보다는 자신의 배부름에 만족합니다. 그리고 자신을 비우시고 낮아지신 하나님의 성품과 반대되는 삶을 살게 합니다.

의지

우리는 하나님께 나아갈 때 의지를 동원하고, 의지로 하나님을 만족시킬 수 있다고 생각합니다. 자신만의 기준을 만들고 자기를 훈련합니다. 자기 기준에 미치지 못하는 이웃을 판단합니다. 예배의 옷차림과 기도의 시간, 찬양의 고저와 헌금의 액수와 같은 모든 것의 기준점을 자기로 삼습니다.

동시에 자기의 일을 하나님의 일로 포장합니다. 하나님을 자기만족을 위한 수단으로 이용합니다. 그러면서 자기의 행위로 하나님을 만족시킬 수 있다고 생각합니다. 그리고 자기를 자랑합니다.

그러나 정작 하나님께 귀를 기울이지 않습니다. 하나님에 대한 불신을 스스로 노출시킵니다. 마치 마르다와 같은 사람입니다. 마르다는 집을 방문하신 주님을 대접하기 위해 자기의 계획대로 일을 추진했습니다. 마르다는 준비하는 일이 많아 마음이 분주했습니다. 마르다는 마리아를 보면서 예수님께 "그를 명하여 나를 도와주라 하소서!"라고 요청했습니다. 마르다 자신이 일하고 있다는 사실을 예수님께 부각시켰습니다. 그러나 예수님께서 십자가에 달리시는 현장에는 모습을 드러내지 않았습니다. 자기가 해야 할 일이 없었기 때문입니다.

의지의 사람은 자기 계획의 울타리를 만들고 하나님께 그 안으로 들어오시라고 초청합니다. 자신의 계획을 들어달라고 요청할 뿐 하나님의 계획을 물을 의사는 없습니다. 그러다 며칠 후 다른 계획을 기도합니다. 눈앞에 일어나는 모든 일에 마음이 빼앗기기 때문입니다.

　우리가 계획을 포기하지 않으면 하나님은 결코 가까이 오지 않으시며, 우리는 스스로 자기 계획의 포로가 됩니다. 그때부터 자기 자신만 보입니다. 그러므로 하나님께로 나아가기 위해 가장 먼저 포기해야 할 것은 바로 본성적 의지입니다. 이 의지를 포기하는 장소가 바로 번제단입니다.
　하나님은 결코 우리의 현재 모습에 만족하지 않으십니다. 우리는 하나님의 놀라운 형상과 능력을 내재하고 있기 때문입니다. 그런데 하나님은 이런 모든 것을 발견하고 앞으로 나아가도록 길을 여시는 분이 아니십니다. 나아가지 못하도록 가로막고 있는 것을 제거하기 위해 오히려 구덩이로 몰아넣으시는 분이십니다. 하나님의 사람을 가로막는 것은 그의 앞에 있는 것이 아니라 그의 안에 있기 때문입니다.

　하나님의 깨뜨리심은 환경을 통한 깨뜨림입니다. 사람은 자기 의지의 울타리 안에서 안정을 누리며 하나님과 사람에게 인정받기 원합니다. 그런데 이런 안정은 하나님 앞에서의 온전한 삶을 지연시킬 뿐입니다. 본성적 의지를 붙잡고 있는 한 더 이상의 영적 진보는 없습니다. 성막 뜰 입구에서 서성일 뿐입니다.

　하나님의 위대한 일을 경험하고 싶다면 자신을 위한 계획도,

자신이 세운 하나님을 위한 계획도 포기할 줄 알아야 합니다. 사도 바울은 복음을 들고 비두니아로 가고자 애썼습니다. 그런데 성령께서 그를 마케도니아로 보냈고 바울은 순종했습니다.

우리가 생각하는 것이 아무리 선하다 하더라도 하나님의 계획 앞에서는 포기할 줄 알아야 합니다. 자기의 의지를 붙잡고 있다면 그것은 자신이 만든 울타리에 갇혀 스스로 통제당하는 것과 같습니다. 하나님은 우리가 스스로의 계획을 포기하고 하나님의 계획을 이루어가길 원하십니다. 그래서 순종은 자기 의지의 포기에서 출발합니다. 하나님은 결코 사람의 의지에 자기의 일을 맡기신 적이 없으십니다.

아들을 낳지 못했던 사래는 몸종 하갈을 아브람에게 보내어 아들을 낳게 했습니다. 그것이 당시의 법으로는 합법이었습니다. 그러나 그것은 사람의 법이었고 사람의 계획이었습니다. 이런 일은 바벨탑 사건에서도 나타납니다. 뿔뿔이 흩어지지 말고 함께 모여서 같이 살자는 의견이 대중의 인정을 받았습니다. 사람의 관점에서는 좋은 의도였습니다. 농경과 목축을 하는 당시의 시대 상황에도 맞았습니다. 그러나 숨은 의도는 온 땅을 다스리고 정복하라는 하나님의 말씀에 대한 도전이었고, 하늘에 올라 하나님을 대신하려는 의지였습니다. 하나님의 보좌에 오르려고 했던 사탄의 생각과 같았습니다.

사람의 의지는 항상 하나님의 뜻과 충돌합니다. '우리의 의지를 포기하느냐? 포기하지 않느냐?'에 따라 '하나님께서 우리를 사용하시느냐? 사용하지 않으시느냐?'가 결정됩니다. 바로 이것이 우리가 의지를 죽여야 하는 이유입니다.

번제의 의미

번제단은 하나님을 주인으로 삼기 위해 자기 의지를 죽이고 항복하는 출발점입니다. 이곳에서 자기 안에 길들어진 모든 것을 죽여야 합니다. 소와 양과 염소와 비둘기는 사람의 필요를 위해 길들인 동물이며 의지의 결과물입니다.

이 짐승들은 쉬지 않고 먹이를 되새김질하거나 먹어야 합니다. 탐욕 이전에 살고자 하는 무의식적인 행동입니다. 동시에 무엇인가를 이루기 위해 무의식적으로 같은 행동을 반복하는 습관화된 의지입니다.

이런 모든 것을 포기하는 곳이 번제단입니다. 이런 본성적 의지가 죽고 하나님께 순종하려는 의지가 승리하는 곳이 번제단입니다.

제물이 타는 노린내를 '여호와 앞에 향기로운 냄새'라고 한 이유는 바로 자기 뜻대로 하려는 의지를 죽이고 불태우는 냄새이기 때문입니다. 사람이 하나님 앞에 들고 나아갈 것은 아무것도 없습니다. 하나님은 이미 땅과 거기에 속한 모든 것의 주인이시기 때문입니다.

> 땅과 거기 충만한 것과 세계와 그 중에 거하는 자가 다 여호와의 것이로다 시 24:1.

하나님을 만족시키기 위해 무엇을 드릴 수 있겠습니까? 우리가 무엇을 드림으로 하나님을 만족시키는 것이 아니라 자기를 포기할 때 하나님을 만족시킬 수 있습니다. 원수 사탄은 결코 자기를 포기할 줄 모르기 때문입니다.

> 하나님께서 구하시는 제사는 상한 심령이라 하나님이여 상하고 통회하는 마음을 주께서 멸시하지 아니하시리이다
> 시 51:17.

번제단은 바로 우리가 본성적 의지를 포기하는 장소입니다. 하나님 앞에서 할 수 있는 것이 아무것도 없다는 사실을 스스로 인정하는 곳이며, 우리가 자랑하는 모든 것이 무용지물임을 인정하는 곳입니다.

예수님이 변화산에 올라가셨습니다. 잠시 후에 모세와 엘리야가 그곳에 함께 있었습니다. 그때 베드로는 "주님! 제가 여기에 초막 셋을 짓겠습니다. 하나는 주님을 위하여, 하나는 모세를 위하여, 하나는 엘리야를 위하여 짓겠습니다." 이 말을 하고 보니 예수님만 그곳에 계셨습니다. 베드로가 짓고자 하는 초막은 육체의 소욕입니다. 베드로가 지어놓은 초막에 주님이 거하시고 모세가 거하고 엘리야가 거하면 세 분은 누구의 소유가 되겠습니까? 그것이 베드로의 자아였습니다.

사람이 자기 마음대로 하고자 하는 의지를 하나님의 의지에 완전히 굴복시키는 곳, 그곳이 바로 번제단입니다.

성소로 - 아브라함

아브람이 걸어간 믿음의 여정은 하나님의 명령과 아브람의 순종으로 시작되었습니다. 하나님께서 "큰 민족을 이루고 복을 주고 창대하게 하리라"고 하셨을 때 아브람의 나이 75세였습니다. 기근으로 인해 애굽으로 내려갔다가 올라온 아브람이 벧엘에 머물 때 하나님은 다시 자손을 주리라고 약속하셨습니다.

그러나 가나안에 거한 지 10년이 지나도 아들이 없었습니다. 이때 아브람과 사래는 하나님의 방법이 아닌 자신들의 방식으로 아들을 얻었습니다. 제단을 쌓고 제물을 드린 아브람이었지만, 하나님께서 원하시는 순종과는 거리가 먼 처신이었습니다.

여종을 통하여 아들을 얻었지만 아이는 약속의 씨가 아니었습니다. 하나님의 약속이 성취되기 전, 아브람이 자기 의지로 낳은 아들일 뿐이었습니다. 하녀를 취하여 자식을 낳는 것은 당시 사회 관습일 뿐 아브람을 향한 하나님의 계획이 아니었습니다.

그때로부터 13년 동안 하나님과 아브람 사이에는 어떤 언약도 존재하지 않습니다. 13년이라는 긴 침묵의 시간이 지나고 아브람 앞에 나타나신 하나님은 예상하지 못한 말씀을 하셨습니다.

아브람의 99세 때에 여호와께서 아브람에게 나타나서 그에게 이르시되 나는 전능한 하나님이라 너는 내 앞에서 행하여 완전하라 창 17:1-2.

13년 만에 방문하신 하나님은 자신을 전능한 하나님이라 말씀하셨습니다. 인간적인 방법으로는 도저히 할 수 없는 일을 이루실 것이라는 선언이었습니다. 또 "행하여 완전하라!"는 것은 지금까지는 아브람이 불완전했다는 말씀이었고, 본성적 의지로 추진했던 것들이 무너짐을 깨닫게 하시는 말씀이었습니다.

동시에 아브람은 13년에 걸쳐 하나님의 뜻에 온전히 순종할 사람으로 다듬어졌다는 의미였고, 이제 그 가능성을 기대할 만한 사람이 되었다는 의미였습니다. 아브람의 본성적 의지가 깨뜨려지는 시간이 13년이었습니다.

성소로 - 요셉

요셉은 아버지의 많은 사랑을 받았음에도 자기중심적인 사람으로 성장했습니다. 형제의 잘못을 본 후 그들을 위해 기도하기보다는 아버지에게 고자질한 사람이었습니다. 하나님의 사람은 이웃이 한 일을 보고 그의 옳고 그름을 판단해서는 안 됩니다. 하나님은 누구에게도 사람을 판단할 권세를 주신 적이 없으십니다. 일의 공과는 판단할 수 있어도 사람 자체를 판단할 수는 없습니다. 그러나 우리는 사람과 일을 분리하지 못할 때가 많습니다. 누군가가 해 놓은 잘못된 일에 대하여 화를 내기보다는 그 일을 한 사람에게 화를 내는 것이 우리의 모습입니다.

모든 사람은 하나님의 형상을 가지고 있습니다. 비록 타락했고 온갖 죄로 점철되어 있을지라도 그 안에는 하나님의 형상이 숨겨져 있습니다. 우리에게는 사람을 판단할 지혜도 없고 권세도 없습니다. 그와 똑같은 시간, 똑같은 상황에 들어가보지 않았기 때문입니다. 그러나 하나님은 그의 안에서 그의 시간에 그가 있던 현장에 함께 하셨습니다. 그래서 하나님만이 모든 사람을 판단하실 수 있으십니다.

다만 하나님은 자신이 선택한 사람이 땅에서 살아가는 동안 하나님을 대신하여 이웃을 그저 용납하고 그저 품어주는 사람으로 다듬어 가십니다.

성경은 17세의 소년 요셉이 애굽 왕 바로 앞에 설 때까지의 13년의 삶을 창세기 37장, 39장, 40장에 걸쳐 기술합니다. 한 사람의 고난의 과정을 설명하는데 무려 3개의 장을 할애했습니다. 그런데 이 고난은 자기중심적인 사람 요셉을 변화시키는 과정이었습니다. 형들의 허물을 들춰내고 자기를 자랑했던 사람이 오히려 자신을 죽이려 했고, 자기를 종으로 팔았던 형들을 살리는 사람으로 변화되는 과정이었습니다. 또 자기를 높이든 자가 하나님을 높이는 자로 변화되는 과정이었습니다. 그는 본성적 의지가 죽고 하나님이 사용하시는 사람이 될 때까지 13년을 견디어야 했습니다.

물두멍

　번제단을 지나면 회막문에서 수종 드는 여인들의 거울로 만든 물두멍이 있습니다. 성막의 도구 중 유일하게 크기가 규정되지 않은 성물입니다. 물은 매일 바꾸었고, 아론과 그의 아들들이 성소에 들어갈 때 이곳에서 손발을 씻었습니다. 번제단에서 화제를 드릴 때에도 손발을 씻었습니다. 물을 채우면 하늘이 비치었습니다. 그 앞에 서면 자신이 투영되었습니다. 손발을 씻는 자가 자기를 볼 수 있는 최고의 반사체였습니다.

　물두멍의 크기가 규정되지 않은 것은 사람마다 가진 죄의 크기가 다르기 때문입니다. 또 씻어야 할 죄의 분량도 다르기 때문입니다. 죄를 씻음 받는 것도 죄가 드러날 때 가능합니다. 죄는 깨닫고 인정하는 만큼 드러나고, 고백하는 만큼 제거됩니다.

　하나님 앞에 죄와 원한을 드러내는 것은 타의에 의해서가 아니라 자의에 의해 드러나야 합니다. 그러므로 하나님 앞에서 이웃의 죄를 지적할 필요는 없습니다. 그러기에는 우리가 너무나 이기적입니다. 또 우리는 죄를 볼 수 있는 눈도 부족한 상태입니다. 물두멍 곁에서 자기를 가장 정확하게 볼 수 있는 곳은 이웃이 보이지 않는 위치입니다.

지성

　우리의 모든 이해와 논리와 계획을 버리기 전에는 물두멍을 지나 성소로 들어갈 수 없습니다.
　세상은 지성인을 추구하고 지성인을 양육하고 지성인을 찾습니다. 우리는 걸음마를 떼기도 전에 사람이 만든 사고의 울타리에 갇혀 생활 방식을 습득하고 원리와 공식을 배우며 지성인으로 교육받습니다. 상황을 파악하고 원인을 찾아보고 되어질 일을 계획하는 것은 삶에 있어서 자연스러운 일이 되었습니다. 자신의 원칙과 계획을 다 이룬 후에 느끼는 성취감을 맛본 후에는 더 세밀한 계획을 세웁니다. 세운 원칙과 계획은 어느 순간부터 자신을 보여주는 프리즘이 됩니다.

　우리는 이런 익숙한 생각과 습관을 가진 채 하나님 앞에 나와 있습니다. 그리고 자신이 세운 계획이 완벽하게 이루어지도록 기도합니다. 자녀는 우리가 정한 틀 안에서 원하는 모습으로 자라길 기도합니다. 직장은 편안하고 사업은 안정된 가운데 확장되기를 기도합니다. 하나님께서 조언하시거나 간섭하실 틈을 주지 않습니다. 하나님께서 뭔가를 바꾸고 싶으셔도 귀를 닫고 자기주장만 부르짖습니다. 자기 확신으로 말씀을 분석하고 적용합니다. 치밀한 판단과 논리 앞에 하나님의 말씀이 비집고 들어갈 틈이 없습니다. 자신이 본 것과 자신에게 일어나는 일만 인정하고 다른 것은 인정하지 않습니다. 신앙에 있어서 체험보다 지식을 우선시합니다. 지식으로 하나님을 알아가려는 나머지 하나님의 방문을 생각하지 않습니다. 이들 앞에서 영적인 실체는 모두 거짓이 됩니다. 이들은 논리로 설명할 수 없는 것은 모두 가짜라고 매도합니다.

우리는 지성에서 나온 것은 쉽게 이해합니다. 그리고 그것으로 문제를 해결하려 합니다. 반면 영에서 나온 것은 이해할 생각을 하지 않습니다. 우리의 논리와 맞지 않기 때문입니다. 이런 논리의 벽을 깨뜨릴 수 있어야 영으로 임하시는 하나님께 가까이 나아갈 수 있습니다. 그리고 하나님을 경험할 수 있게 됩니다.

성경 지식을 습득하기 위해 성경을 볼 것 같으면 차라리 성경을 덮으라고 권하고 싶습니다. 우리는 성경 속에서 하나님께서 사람과 어떤 관계를 가졌는지 살펴야 합니다. 오늘 우리와 어떤 관계를 맺기 원하시는지의 관점에서 성경을 보아야 합니다. 하나님의 말씀 앞에서 우리의 지성을 의지할 필요는 없습니다. 하나님의 말씀은 우리의 어떤 논리보다 더 높고 확실하기 때문입니다. 우리는 찾아오시는 하나님을 만나기 위해 말씀 안으로 들어가야 할 뿐입니다. 말씀에 대한 분석은 하나님보다 수준 낮은 우리의 몫이 아닙니다.

우리 안에 하나님께서 임하시도록 허락한다면 하나님은 계획하신 일들을 감당할 수 있는 사람으로 만들기 위해 우리를 환경 가운데로 내모십니다. 하나님은 우리의 현재 모습에 만족하지 않으십니다. 우리의 가치를 너무나 잘 알고 계시기 때문이며, 우리 안에 심어두신 씨앗이 무엇인지 아시기 때문입니다.

그리고 씨앗을 발아시키기 위해 견고한 껍질을 깨뜨리십니다. 극심한 고난과 고통, 실패와 좌절을 통해 우리를 산산조각 내십니다. 환경을 통해 자신을 책임질 분이 하나님뿐이심을 알게 하시고, 환경을 통과하면서 하나님과 올바른 관계를 맺게 하십니다. 그리하여 하나님께서 흡족해 하시는 일군으로 훈련하실 뿐 아니라 하나님께서 마음껏 임하시는 성품을 소유하게 하십니다.

이렇듯 우리의 지성이 스스로 해결할 수 없는 문제로 인해 깨어졌을 때 비로소 하나님 앞에 온전히 무릎 꿇을 수 있습니다. 그 문제가 바로 죄의 문제입니다.

하나님을 만나려면 우리가 바뀌는 것 외에 다른 방법이 없습니다. 하나님은 어떤 악과도 공존하지 않으십니다. 우리 안에 남은 악의 찌꺼기는 우리가 다 깨어졌을 때 그 정체가 드러납니다. 이 악을 제거하는 일은 평생의 과제입니다. 이것이 우리가 하나님 앞에서 항상 근신하고 깨어있어야 할 이유이며 끊임없이 회개해야 할 이유입니다.

우리의 지성에 대하여 성경은 새롭게 할 것을 말합니다. 하나님께서 이 부분의 변화를 분명히 말씀하십니다.

너희는 이 세대를 본받지 말고 오직 마음(노오스, νοός)을 새롭게 함으로 변화를 받아 하나님의 선하시고 기뻐하시고 온전하신 뜻이 무엇인지 분별하도록 하라 롬 12:2.

마음으로 번역된 '노오스(νοος)'는 우리가 흔히 말하는 마음보다 훨씬 구체적인 개념으로써 인간의 모든 지적 활동이 이루어지는 타락한 공간입니다.[7] 하나님은 이것을 상실한 마음이라고 하셨습니다. 올바른 판단을 할 수 없는 상태입니다. 스스로 비도덕적인 일을 행할 수밖에 없는 상태를 말합니다. 그때 우리는 모든 불의, 추악, 탐욕, 악의, 시기, 살인, 분쟁, 사기, 악독, 수군거림, 비방, 미움, 능욕, 교만, 자랑, 악을 도모함, 거역, 우매, 배약, 무정함, 무자비함 같은 일을 저질렀습니다. 이런 상태로는 하나님께서 원하시는 일을 할 수 없습니다. 이런 모든 것들은 우리가 하나님의 성에 들어가기 전에 물두멍에서 처리하여야만 합니다.

씻음의 의미

번제단에서 살고자 하는 의지, 마음대로 하고자 하는 의지, 습관화된 의지를 죽인 후 물두멍으로 왔습니다. 이곳에서 지난 시절, 지성으로 범한 죄와 오염된 생각을 씻고 새롭게 함을 받아야 합니다. 우리는 하나님 앞에서 죄의 심각성을 알고 회개합니다. 그러나 무엇이 죄인지 모른 채 자기 양심의 한계 안에서 회개합니다. 그런데 하나님이 원하시는 회개의 범위는 훨씬 넓고 세밀합니다.

죄의 문제에 있어서 반드시 거쳐야 하는 과정은 철저한 회개와 용서입니다. 회개와 용서는 지성으로 깨닫고 인정하는 만큼 할 수 있습니다. 회개와 용서는 자기가 붙잡고 있던 것들이 하나님 앞에서 아무것도 아님을 시인하는 것입니다. 우리는 회개와 용서의 순간을 변화의 기회로 삼아야 합니다. 회개는 지난 과거를 포기하는 것이며 하나님께 항복하는 것입니다. 용서는 자신이 만든 굴에서 나와 자신과 이웃에게 자유를 주는 것입니다. 회개하는 만큼 정결해지고 용서하는 만큼 자유로워집니다. 회개와 용서는 우리를 새롭게 하고 자유롭게 합니다. 그곳이 물두멍입니다.

사실 회개했다고 해서 모든 것이 변화되고 바뀌는 것은 아닙니다. 우리의 몸은 여전히 혼에 길들어져 있어서 죄를 짓는데 익숙하기 때문입니다. 과거에 행한 익숙함이 하나님 앞에서 오히려 독이 될 수 있다면, 익숙함을 모두 깨뜨리고 버려야 합니다. 또 자신을 묶고 있는 모든 것을 풀고 자신에게 자유를 줄 수 있어야 합니다. 이 둘은 항상 같이 갑니다. 그리고 회개와 용서가 있은 후 비로소 성소를 향해 걸음을 옮길 수 있습니다.

회개

하나님의 성소로 들어가기 위해 반드시 처리해야 할 과제들이 있습니다. 과거에 행했던 우상숭배, 숨겨져 있던 죄와 상처, 붙잡고 있던 자기 의와 탐욕 같은 죄들을 제거하는 것입니다. 이것이 되지 않으면 결단코 성소로 들어갈 수 없습니다.

너희는 다른 신들 곧 네 사면에 있는 백성의 신들을 따르지 말라 너희 중에 계신 너희의 하나님 여호와는 질투하시는 하나님이신즉 너희의 하나님 여호와께서 네게 진노하사 너를 지면에서 멸절시키실까 두려워하노라 신 6:14-15.

그러므로 예물을 제단에 드리려다가 거기서 네 형제에게 원망들을 만한 일이 있는 것이 생각나거든 예물을 제단 앞에 두고 먼저 가서 형제와 화목하고 그 후에 와서 예물을 드리라 마 5:23-34.

하나님 앞에서의 회개는 자기 의지를 굴복시킨 사람만이 할 수 있습니다. 세례자 요한이 유대광야에서 "회개하라 천국이 가까웠느니라."고 선포했습니다. 예수님께서도 사역을 시작하시면서 "회개하라 천국이 가까웠느니라."고 선포하셨습니다. 또 "천국은 세례 요한의 때부터 침노를 당하며 침노하는 자가 빼앗는다."고 하셨습니다. 천국을 취하는 것은 회개에 달려있습니다. 그것이 천국 여정의 시작입니다. 조상들의 죄가 되었던, 자신의 죄가 되었던 모든 종류의 죄는 그 크기와 상관없이 회개가 필수입니다.

우리는 참된 회개를 통해 과거의 자아 중심적 삶에서 벗어날 수 있고, 그것과 어울리는 삶을 거부할 수 있습니다.[8] 하나님께서 회개하라고 하신 이유는 죄를 미워하시기 때문입니다. 우리가 죄를 가지고 있다면 죄가 없으신 하나님은 우리와 함께 하실 수 없습니다. 만약 죄를 가진 우리와 함께 하신다면, 하나님은 사탄과도 함께 하셔야 하기 때문입니다.

사탄이 우리 중 누군가를 손에 거머쥐고 있는 이유는 죄가 있기 때문입니다. 죄는 불법을 행하는 사탄이 합법적으로 우리를 붙잡을 수 있는 근거가 됩니다. 사탄은 일단 자기가 잡은 영혼의 어떠한 저항에도 놓아 주는 법이 없습니다. 우리가 사탄에게서 풀려나는 길은 죄를 숨기는 것이 아니라 드러내는 것입니다. 우리가 자기의 죄를 빛 되신 하나님 앞에서 인정하고 드러낼 때, 죄를 먹고 있는 사탄은 하나님의 빛 앞에서 도망갑니다. 사탄의 손아귀에서 벗어나는 유일한 방법이 죄를 인정하는 회개입니다. 회개는 죄에 대한 거룩한 슬픔이며, 지난 과거 자체를 깨뜨리고 부수는 것입니다. 또 사탄이 우리를 붙잡을 근거를 제거하는 것입니다.

우상숭배

우상은 하나님 대신 섬겼던 존재일 수 있고, 손에 쥔 물질일 수도 있습니다. 걱정과 염려로 붙잡고 있는 자녀가 우상일 수 있고, 시간이 우상일 수 있습니다. 포기하지 못하는 계획이 우상일 수 있고, 자기의 몸이 우상일 수 있습니다. 우리는 하나님을 생각하기보다 오히려 질투와 상처, 두려움 등과 같은 육체적 소욕들을 즐기며 살아갑니다. 이 같은 육신적인 태도들은 실제로 우상숭배입니다.9) 이것을 제거하지 않고 하나님의 성에 들어갈 수 없습니다. 거룩하지 못한 것이 거룩한 곳에 설 수 없습니다. 우리가 하나님의 성소에 들어가는 길은 손에 잡고 있는 것을 놓는 것과 철저한 회개입니다.

사역을 하는 동안 예기치 못한 문제로 인해 주저앉을 때가 많았습니다. 그리스도를 영접하고 목사 안수를 받았지만, 처리하지 못한 우상숭배의 죄가 틈틈이 저를 무너뜨리고 있었습니다. 문제의 심각성을 인지하고 회개를 시작했습니다. 오랜 기간이 지난 후 주님은 "그만하면 되었다."고 하셨습니다. 마지막으로 모태에서부터 다니던 사찰에 연락하여 교적을 지우는 일이 남아 있었습니다. 사찰 주지승에게 연락해서 "이름을 지워 달라!"고 했더니 "지워 주겠다."고 했습니다.

그날 밤, 한 꿈을 꾸었습니다. 어렸을 때 다니던 사찰이 예전 모습 그대로 보였고, 하늘에는 먹구름이 끼어 있었습니다. 제가 멀리서부터 사찰 쪽으로 걸어가는 뒷모습이 보였습니다. 어느 순간 제가 마당을 지나 법당 옆 건물 앞에 서 있었습니다. 주지승의 방 앞이었습니다. 방문은 조금 열려있었고 주지승이 승려 두 명과 얘기하면서 무언가를 기록하고 있었습니다. 방으로 들어가려는데 문득 섬돌 위에 놓인 투명한 반찬통이 눈에 띄었습니다. 뚜껑에는 「식용」이라고 적혀 있었고, 안에는 검은 광택이 나는 뱀이 들어 있었습니다. '사람이 저것을 먹는단 말인가?'라고 생각할 때에 누군가가 "주지의 간식입니다."라고 했습니다. 그러는 사이 몇몇 사람들이 반찬통을 보지 못하고 방을 드나들었습니다.

그것이 보기 싫어서 잠시 고개를 돌려 사찰 밖을 보는데, 입구 양쪽에 큰 뱀 두 마리가 보였습니다. 마치 대문 기둥처럼 머리를 치켜들고 마당쪽을 보고 서 있었습니다. 왼쪽에는 머리가 둘 달린 황금색 뱀이었고, 오른쪽은 흉악하게 생긴 검은색 뱀이었습니다. 멀리서 보기에도 눈은 위로 찢어지고 이빨은 날카롭고 머리에 뿔이 나 있었습니다. 목 뒤에는 5cm 정도 되는 비늘이 두 개씩 나 있었습니다.

다시 고개를 돌려 열린 문틈을 보고 소리를 지르니 저를 발견한 주지승이 문을 열고는 '어떻게 왔느냐?'고 물었습니다. 저는 이름을 말하고 '교적을 돌려 달라.'고 했습니다. 순간 방 안은 침묵으로 바뀌었습니다. 제가 다시 '교적을 돌려 달라.'고 요구하자 주지승은 다락에서 명부책을 꺼내 넘기다가 한 장을 찢었습니다. 저의 이름이 적혀 있는 것이 밖에서도 보였습니다.

명부를 손에 든 주지승이 뒤편 쪽문을 열었습니다. 열린 문틈으로 승려들이 건조중이던 토기를 물에 적셔 다시 물레에 얹어 돌리는 것이 보였습니다. 주지승이 한 승려에게서 항아리 모양의 토기를 받아 명부를 담아서 저에게 주었습니다. 받고 보니 찌그러진 토기였습니다. '토기장이 하나님께서 이렇게 만들지는 않으셨을 텐데! 다시 만들어 달라고 해야겠다.'면서 사찰 입구를 나올 때 구름이 걷히고 햇볕이 내리쬐기 시작했습니다.

우리는 '회개의 세밀함'을 생각해야 합니다. 죄를 지을 때는 개별적으로 짓습니다. 그러나 회개할 때는 한 묶음으로 회개하려는 경향이 있습니다. '소매로 죄를 짓고 도매로 회개하는 것'이 우리의 모습입니다.

예컨대 단 한 번 조상숭배의 죄를 지었다면 회개는 간단할 것입니다. 그러나 가문의 한 사람으로서 어릴 때부터 조상숭배의 제사에 참석한 사람이 50살이 되었다면 세세히 회개할 것이 얼마나 많겠습니까? 설과 추석의 제례가 있고 제삿날의 제례가 있고 성묘가 있습니다. 필요한 제례음식을 준비한 이들도 마찬가지입니다.

"나의 하나님! 제가 초등학교 1학년 설날에 조상 앞에 절한 죄를 회개합니다. 제사 음식을 먹은 죄를 회개합니다. 나의 하나님! 제가 초등학교 1학년 추석에 조상 앞에 절한 죄를 회개합니다. 제사 음식을 먹은 죄를 회개합니다. 성묘 가서 절하고 음식을 먹은 죄를 회개합니다. 나의 하나님! 초등학교 1학년 ○월 ○일 조부의 제삿날, 죽은 이에게 절한 죄를 회개합니다. 제사 음식을 먹은 죄를 회개합니다." 이런 철저한 회개가 하나님 앞에서 우리를 돌아보게 합니다. 진정한 회개는 진실함과 세밀함에 있습니다. 회개가 우리 안에 죄로 지어진 사탄의 처소를 무너뜨립니다.

성소에 들어가기 원하는 이들에게 요구되는 것은 하나님 앞에서의 정결함입니다. 우리는 철저한 회개를 통해 사탄의 처소를 무너뜨리고 하나님 앞으로 나아가야 합니다. 우리가 죄의 처소를 부수고 무너뜨렸을 때, 비로소 하나님께서 우리 안에 임하십니다.

볼지어다 내가 문 밖에 서서 두드리노니 누구든지 내 음성을 듣고 문을 열면 내가 그에게로 들어가 그와 더불어 먹고 그는 나와 더불어 먹으리라 계 3:20.

우리가 초대하지 않는 한 임의로 들어오지 않으십니다. 예수님이 마음 문을 두드리는 이유는 인격자이셔서 열린 문으로만 들어오실 뿐 아니라 우리의 마음 문이 견고한 성문이기 때문입니다. 사탄을 이기신 예수님은 우리가 성문을 열 때까지 기다리십니다.

용서

하나님 앞에서 회개하며 용서를 구하는 사람은 이웃과의 원한도 풀 수 있어야 합니다. '원한'의 뜻은 '다시 묶는다, 다시 느낀다.'입니다. 사람이 묶은 것은 사람이 풀어야 합니다. 결박된 상태로 하나님 앞에 나아갈 수는 없습니다.

우리는 용서를 통해 이웃을 풀어주고 또 풀어짐을 받아야 합니다. 용서는 묶임을 푸는 것입니다. 신약에서 가장 빈번히 사용된 '용서'의 의미는 '자신을 풀어주다, 멀리 놓아 주다, 자유케 하다'입니다.10) 우리는 다른 사람을 풀어줌과 동시에 자신을 풀어놓을 수 있어야 합니다. 그때 하나님께서 주시는 자유를 누릴 수 있습니다.

한 집회에 참석했습니다. 강사로 서신 분이 자신의 대학 생활의 일부분을 얘기했습니다. 교수님의 말씀에 반감이 들어 따졌다고 했습니다. 그러다가 '교수님의 말씀이 맞다.'는 것을 안 후 교수님을 찾아가 용서를 구했다고 했습니다. 이때 그분의 입에서 긴 창이 나오더니 강단 뒤쪽으로 날아가는 것이 보였습니다. 흡사 올림픽 때 투창선수들이 던지는 창과 같았습니다. '어! 저게 왜 저기로 날아가지?' 하는 순간 ⌒턴으로 방향을 바꾸었습니다. 그러고는 곧장 날아와 저의 가슴에 꽂혔고, 저는 가슴을 움켜잡고 바닥에 고꾸라졌습니다. '왜 나에게로 날아왔을까? 나와 무슨 관련이 있을까?' 생각하다가 신학대학교 다닐 때에 있었던 일이 생각났습니다.

신학대학 2학년 때였습니다. 당시 K교수님은 학부강의를 하시면서 총신신학대학원 총장서리로 바쁘셨습니다. 어느 날 수업에 들어오신 교수님은 학생들에게 "뭐든지 궁금한 것이 있으면 말씀하세요?"라고 하셨습니다. 학생들의 질문이 없자 저를 보시며 "허전도사님! 하실 얘기가 있으면 하세요?"라고 하셨습니다.

평소 질문을 잘하지 않는 저였기에 딱히 할 얘기가 없었습니다. 그런데 저는 일어나면서 대뜸 "교수님! 이 책은 교수님이 쓰신 책이지만, 교수님은 수업 들어오실 때 준비를 하지 않고 오시는 것 같습니다."라고 말했습니다. 말을 하면서도 '내가 참 당돌하다.'는 생각을 했습니다. 그런데 교수님은 "전도사님! 정말 죄송합니다. 총신 신대원 일까지 같이 본다고 그동안 수업 준비를 못했습니다. 제가 더 신경 쓰도록 하겠습니다."고 하셨습니다. 물론 이후로도 교수님과의 관계에서 달라진 것은 없었습니다.

집회에서 돌아오는 길에 여러 가지 생각이 들었습니다. '벌써 꽤 많은 시간이 흘렀는데 아직 살아계실까? 그러면 어떻게 연락처를 알 수 있을까?' 고민하다가 학교로 연락했습니다. 마침 교무처 직원이 저를 기억하고 있어서 쉽게 얘기는 되었는데, '아마도 미국에 계신 것으로 안다.'고 했습니다. 미국의 연락처는 알 수 없었습니다. 다시 수소문하다가 친구를 통해 '교수님의 둘째 아들이 김포에서 목회한다.'는 소식을 듣고 연락했습니다. "무슨 일이시냐?"고 묻길래 상황을 간단히 얘기하고 '아버지께 용서를 구하려고 한다.'고 했습니다. "아버지가 굉장히 기뻐하실 것 같습니다."면서 연락처를 가르쳐 주었습니다.

다음날 정오 즈음에 국제전화를 했더니 벨이 울리자마자 받으셨습니다. "교수님! 저 허남억입니다."라고 하자 "이름도 얼굴도 기억납니다."면서 반가워하셨습니다. 마침 현지시간으로 수요일이어서 저녁예배 마치고 들어오는 길이라고 하셨습니다. '평소에는 성도와 교제하고 들어오는데 오늘은 이상하게 바로 들어오고 싶어서 들어오는 길'이라고 하셨습니다. 그러면서 "무슨 일이기에 미국까지 전화했습니까?"고 물으셨습니다.

학부시절 강의시간에 있었던 일을 말씀드렸습니다. 얘기를 들으시던 교수님은 "내가 다 기억하고 있지요!"라고 하셨습니다. 그래서 자초지종을 설명하고 "교수님께 너무 죄송해서 용서를 구하려고 전화했습니다."라고 했습니다.

얘기를 들으신 교수님은 "오늘 참 기분이 좋습니다. 내 제자가 그런 일로 용서를 구한다는 것은 영성이 깊어진다는 뜻인데, 정말 기분이 좋습니다. 내가 어떻게 하면 되겠습니까?"라고 하셨습니다. "저를 용서한다고 선포해주시고 축복해 주십시오." 했더니 흔쾌히 용서한다고 선언하시고 축복해 주셨습니다.

불완전한 자기사랑

　감정의 가장 근본 문제는 불완전한 자기사랑입니다. 정말 부끄러운 것부터 정말 자랑스러워하는 것까지 이곳에 자리 잡고 있습니다. 그리고 필요에 따라 사실을 과장하고 왜곡하기를 주저하지 않습니다.
　우리는 본성적 의지를 죽이고, 지성으로 지은 죄와 알고 있는 죄는 성막 뜰에서 인정하고 거침없이 회개합니다. 모두 성막 뜰에 머물면서 자신의 죄는 태워졌고 씻음 받았다고 말합니다.
　그러나 자신이 자랑삼아 붙잡고 있는 것들은 놓지 않습니다. 숨겨진 죄와 상처를 드러내지 않습니다. 또 붙잡고 있던 자기 의와 탐욕과 같은 죄들을 무시하거나 우상인 줄 모른 채 부여잡고 있습니다. 우리가 숨겨진 것뿐만 아니라 자랑삼아 붙잡고 있는 모든 것이 깨어지고 부서져야 제물이 됩니다. 이 모든 것은 성소로 들어가기 위해 자신을 철저히 깨뜨리고 부술 때 비로소 정체를 드러내기 때문입니다.

성막 뜰의 기도

에스더가 모르드개에게 회답하여 이르되 당신은 가서 수산에 있는 유다인을 다 모으고 나를 위하여 금식하되 밤낮 삼 일을 먹지도 말고 마시지도 마소서 나도 나의 시녀와 더불어 이렇게 금식한 후에 규례를 어기고 왕에게 나아가리니 죽으면 죽으리라 하니라 에스더 4:15-16.

에스더는 이미 대궐문 안에 들어가 있었습니다. 유대인들이 하만의 계획에 의해 몰살당할 것이라는 사실을 들어서 알게 되었습니다. 그러나 "안뜰로 들어가면 혹시 죽을지도 모른다."면서 자기 안위만을 생각했습니다. 모르드개는 일의 심각성을 말하면서 성안에 머문다고 안전을 보장받을 수 없고, 유다인은 다른 것을 통해 구원을 받을 것이라며 책망했습니다. 에스더는 그제야 비로소 3일을 금식하고 왕 앞에 나갈 것이라고 했습니다. 모르드개는 대궐 밖에서 백성과 더불어 기도하고, 에스더는 대궐 안에서 자신의 시녀들과 더불어 3일을 금식했습니다.

그런데 에스더와 시녀들의 3일 금식에도 현실적으로 바뀐 것은 없었습니다. 에스더가 비록 대궐문 안에 있었지만, 왕이 문을 열고 기다리는 안뜰로 들어가지 않았기 때문입니다. 3일간의 금식이 있다고 해서 왕이 찾아오는 것도 아니었고, 하만이 생각을 바꾸는 것도 아니었고, 문제가 해결되는 것도 아니었습니다. 이것은 비록 성막 뜰에 들어갔지만, 성소(안뜰)까지 들어가지 못하고 성막 뜰에서 기도하는 우리의 모습을 보여 줍니다.

'자기 의'의 기도

하나님은 성막을 통해 우리의 본질을 보게 하셨습니다. 이스라엘 백성은 짐승을 헌물했습니다. 제사장들은 짐승을 잡아 번제를 드리고 손발을 씻었습니다. 백성들은 각자 집으로 돌아갔습니다. 자신들이 할 일을 다 했다고 생각하고 스스로 만족했습니다. 그리고 자기들의 방식대로 살다가 다음 기회가 오면 여전히 똑같은 방식으로 제물을 드리고 돌아갔습니다. 그들은 하나님 앞에 나왔다가 성막 뜰을 밟고 돌아가는 것에 대하여 종교적 의무를 다한 것으로 여겼습니다. 하나님을 향한 더 이상의 진보는 없었습니다.

하나님은 종교적 의무 이상의 것을 원하십니다. 그러나 타락한 본성은 하나님의 뜻에 순종하기를 싫어합니다. 하나님께 순종하려는 자는 기필코 자기의 본성을 깨뜨려야 하기 때문입니다. 또한 순종은 타락한 우리의 본성이 아니라 하나님의 성품에 기초를 두고 있기 때문입니다.

> 너희는 옷을 찢지 말고 마음을 찢고 너희 하나님 여호와께로 돌아올지어다… 주께서 혹시 마음과 뜻을 돌이키시고 그 뒤에 복을 내리사 너희 하나님 여호와께서 소제와 전제를 드리게 하지 아니하실는지 누가 알겠느냐 욜 2:13-14

옷을 찢는 것은 일종의 불요식행위입니다. 감당하기 어려운

성막 뜰 성막 뜰의 기도 63

슬픔을 겉으로 표현하는 형식적인 방법중 하나입니다. 그러나 하나님은 슬픔을 담고 있는 "마음을 찢어라!"고 하십니다. 더불어 요엘은 마음을 찢은 자가 하나님 앞으로 나아갈 수 있음을 시사합니다. 소제에 사용되는 곡식은 타작마당을 지나고 방아를 지나고 맷돌을 지나면서 깨어지고 부서진 가루입니다. 전제에 사용되는 포도주는 밟히고 터져서 뽑혀진 진액입니다. 하나님께서 사랑하시는 백성에게 성전과 제사의 규례를 정해주신 것은 하나님 앞에서 자신을 살피라는 뜻이었습니다. 무엇을 살피라는 뜻이겠습니까?

마음을 찢은 후에 마음의 자유와 평안을 경험하게 됩니다. 그리고 영적인 성숙을 경험하게 됩니다. 이때 우리 안에 숨겨져 있던 능력이 발산됩니다.

사실 영적 성숙은 결코 쉬운 일이 아닙니다. 그러나 혼이라는 껍질에 금이 가기 시작하면 그때부터 영의 성숙은 한결 쉬워집니다. 혼이 깨어지기 시작하면 영은 하나님의 빛에 더 민감해집니다. 이때 영은 하나님의 빛에 의해 성숙하면서 혼이라는 껍질을 밀어냅니다.

우리의 영이 혼에 갇혀 있는 이유는 우상숭배와 죄와 상처 때문에 혼이 견고하고 강해졌기 때문입니다. 또 다른 이유는 영이 하나님과 단절된 나머지 너무나 연약하기 때문입니다. 견고하고 강한 혼이라는 껍질을 깨는 방법은 말씀과 환경이라는 맷돌 안에서만이 가능합니다. 말씀만으로 되지 않습니다. 환경만으로도 되지 않습니다.

이스라엘 백성이 하나님 앞에서 목을 곧게 했을 때, 하나님은 먼저 선지자를 통해 말씀을 주셨습니다. 그리고 주변의 이방인을 들어 환경이라는 틀 속으로 몰아넣으셨습니다. 그들은 그곳에서 자신을 돌아보고 하나님께 불순종했던 자기 혼을 깨뜨렸습니다.

혼은 모든 일을 자기 유익을 위해 지성의 논리로 다룹니다. 그래서 하나님이 하시는 일도 자기 논리로 판단하고, 자기의 기준으로 하나님을 측정합니다. 하나님의 말씀을 인간 지성의 시험대 위에 올리기를 주저하지 않습니다.

예수님께서 마르다에게 "나는 부활이요 생명이니 나를 믿는 자는 죽어도 살겠고 무릇 살아서 나를 믿는 자는 영원히 죽지 아니하리니 이것을 네가 믿느냐?"고 하셨습니다. 예수님의 물음에 "예! 믿습니다."하면 됩니다. 그러나 마르다는 자신의 지식을 덧붙여 설명했습니다. "주여 그러하외다 주는 그리스도시오 세상에 오시는 하나님의 아들이신 줄을 내가 믿나이다." 마르다는 이렇듯 멋진 고백을 하고 집으로 돌아가 버렸습니다.

하나님을 지성으로 아는 자는 자기 지식을 자랑합니다. 자기 지성의 논리로 생각하고 판단하고 이해하고 자기의 결론에 만족하기 때문입니다. 그리고 집에 있던 마리아에게는 주님을 '선생님'이라고 불렀습니다. 지성을 자극하고 깨우치고 채워주는 존재로 표현한 것입니다.

많은 그리스도인이 믿음을 외치면서도 아주 논리적인 삶을 추구하며, 자기 의지를 발휘합니다. 그리고 하나님께서 당연히 자기에게 맞춰줄 것으로 오해합니다. 사실 하나님의 일을 방해하는 가장 큰 적은 우리의 생각입니다. 우리의 가장 강한 적은 우리 안에 숨어 있습니다. 우리의 영혼을 하나님으로부터 빼앗기 위해 우리 안에 자리 잡고 있습니다. 가장 위험하고 가장 조심스러운 전쟁은 외부와의 전쟁이 아니라 내전입니다. 사실 우리는 예수 그리스도를 주인으로 모신 순간부터 날마다 내전을 치르는 중입니다. 바로 영과 혼의 전쟁입니다.

하나님은 사람을 원래의 모습으로 회복하기 위해 땅에 오셨습니다. 그러나 정작 자기 백성에게 환영받지 못했습니다. 땅에 오신 하나님은 땅의 일부분으로 자신이 지은 우리 안에 임하길 원하셨습니다. 그러나 이미 오래전에 우상숭배와 죄와 상처를 통해 들어온 원수는 우리의 감정과 지성과 의지를 통해 하나님을 거부하고 대항하도록 했습니다.

그럼에도 우리가 예수 그리스도를 믿을 때 새롭게 하시려는 하나님의 계획이 시작되고, 우리가 깨어지고 부서지기로 작정할 때 하나님의 길이 열리기 시작합니다.

바울 - 바리새인 예배자

바울은 당시 최고 가문의 사람입니다. 히브리인 중의 히브리인이고, 초대 왕가인 베냐민 지파의 후손입니다. 율법으로는 바리새인이고, 학벌로는 가말리엘의 제자입니다. 이 모든 것이 자랑거리였습니다.

가말리엘은 당시 유대인들이 가장 존경하는 랍비 힐렐의 손자이자, 요셉과 마리아가 아기 예수님을 데리고 성전에 갔을 때 아기 예수님을 안고 하나님을 찬송한 시므온의 아들입니다. 가말리엘은 랍비인 조부 힐렐의 지성과 의롭고 경건한 아버지 시므온의 영성을 모두 소유하고 있었습니다. 바울은 자신이 그의 제자인 것만으로도 자랑스러웠습니다.

그러나 하나님은 아무리 탁월한 지성과 영성을 가진 사람이라도 필요에 따른 훈련을 통과하지 않으면 사용하지 않으십니다. 하나님께서 다윗을 향하여 "내 마음에 합한 자"라고 하셨다고 해서 훈련이 면제된 것은 아니었습니다. 하나님의 훈련에서 열외는 없습니다. 바울이 바리새인으로서 율법에 얼마나 충실했습니까? 바울은 613가지의 율법 조항을 지키며 하루 3번씩 기도했습니다. 오경을 외우며 율법의 의로는 흠이 없었습니다. 그렇다고 그가 하나님과 친밀한 관계는 아니었습니다. 자기 율법의 지식으로 스데반을 죽였고 믿는 이들을 핍박했습니다.

바울은 다메섹으로 가는 길에 주님을 만났습니다. 주님께서 택한 그릇이었습니다. 주님은 택한 그릇을 곧바로 사용하지 않으셨습니다. 바울이 비록 당대 최고의 지성을 배운 탁월한 사람이었지만, 주님은 용도대로 사용하기 위해 훈련시키셨습니다. 아라비야 광야에서 3년, 고향 다소에서 10년, 그는 13년을 침묵 속에서 훈련되고 준비되었습니다.

아무리 알차게 영글은 알곡이라도 타작마당의 도리깨를 피할 수는 없습니다. 도리깨를 피하여 도망한 알곡은 아궁이에 던져집니다. 도리깨를 맞은 알곡을 기다리는 것은 방아와 맷돌입니다. 방아와 맷돌을 벗어난 알곡은 짐승의 먹이가 됩니다. 그러나 방아와 맷돌까지 통과한 알곡은 주인의 떡상에 올려집니다. 하나님께서 우리를 흠향하시는 곳은 바로 하나님의 떡상 위에서 입니다.

감동

우리가 기도할 때 이유를 알 수 없는 눈물이 흐를 때가 있습니다. 그 눈물이 영의 애통인지, 혼의 가식인지 분별하려 하지 말고 그냥 울어야 할 필요가 있습니다. 기도하다가 기쁨이 터지면 그냥 기뻐할 수 있어야 하고, 말할 수 없는 슬픔이 올라오면 그냥 울 수 있어야 합니다. 하나님께서 주시는 회복의 순간이기 때문입니다.

그런데 많은 사람이 이 순간을 놓칩니다. '지금 예배 시간인데 혹시 여기서 울면 다른 사람이 나를 어떻게 볼까?' '체면은 뭐가 되지?' 이처럼 자기 체면에 묶여 있을 때가 종종 있습니다. 예배 시간에 웃음이 나오면 웃을 수 있어야 하고 울음이 나오면 울 수 있어야 합니다. 감동을 주시는 분도, 애통을 주시는 분도 하나님이시기 때문입니다.

예수님이 말씀하신 것처럼 "저가 내 안에, 내가 저 안에" 있을 방법은 우리의 생각과 고정관념을 깨뜨리는 것입니다. 우리는 이것을 포기하면 자기 존재가 사라지는 줄 압니다. 그러나 포기할 때 새로워질 수 있습니다.

우리가 바라보고 달려가야 갈 곳은 예수님이십니다. 그 외의 것은 대부분 마음을 분주하게 하는 것들입니다. 하나님 앞에 서면 우리가 중요하게 생각하며 붙잡고 있던 것들이 아무것도 아니었다는 것을 알게 됩니다. 하나님 앞에서는 우리가 붙잡고 있던 것들이 놓일 틈새가 없습니다.

예수님 앞에 모세도 잠시 나타났다가 올라갔고, 엘리야도 잠시 나타났다가 올라갔습니다. 오직 예수님 외에는 아무도 존재하지 않았던 것처럼 주님 앞에 서면 우리는 아무것도 아닙니다. 아무것도 아니기에 자신을 보려고 애쓸 필요가 없습니다. 아무것도 아니기에 옛날에 얼마나 부족했는지 생각할 이유도 없습니다. 다만 주님이 우리 앞에 있는 것 하나로 만족하면 됩니다. 그러므로 우리가 주님의 온전한 성전이 되고 주의 영이 우리 안에 임하면 기도가 달라집니다. 살아가는 목적도 달라집니다.

지금까지 기도했던 것을 생각해 보십시다. 혹 하나님께서 어느 날 무엇을 구하라고 말씀하신 때가 있었습니까? 아니면 살아가는 데 필요한 것을 달라고 기도했습니까? 살아가는 데 필요해서, 이웃이 가지고 있어서, 이웃보다 더 좋은 것을 가지기 위해 기도했다면 그것이 바로 혼의 기도입니다. 혼은 자신이 원하는 것에 집중하도록 유도합니다. 그때 우리는 정작 중요한 부르심을 놓치게 됩니다. 그런데 혼이 영에 복종하는 순간부터 영이 삶을 주관하기 시작합니다. 영이신 하나님께서 우리의 영과 교통하시기 때문에 하나님의 지혜를 받을 뿐만 아니라 기도 자체가 달라집니다.

우리가 하나님의 성소에 들어가지 못했던 이유는 하나님의 생각과 계획보다 우리의 생각과 계획을 앞세우고 자기의 필요를 더 많이 요구하고 있었기 때문입니다. 이기적인 욕심은 자기의 필요를 위해 하나님을 이용합니다. 이것이 훨씬 쉽고 편하기 때문입니다.

자신을 고칠 필요가 없고 지금까지 살아왔던 습관을 바꿀 이유도 없기 때문입니다.

　자기만족을 위한 신앙이나 자기 욕심을 채우려는 기도는 하나님과 아무런 상관이 없습니다. 그래서 하나님 이외에 다른 목적을 가지고 하나님 앞에 나아간다면 하나님에게서 더 멀어집니다. 하나님 이외에는 다른 목적이 없어야 합니다. 우리가 하나님과 올바른 관계가 유지되면 자연스럽게 응답이 이루어집니다. 우리는 다 깨어진 상태이고, 하나님은 마음을 감찰하시는 분이시기 때문입니다.

　번제단에서 의지를 죽이고 물두멍에서 지성으로 아는 모든 죄를 회개하고 용서했다고 해서 끝이 아닙니다. 뜰에서 아무리 부르짖어도 육성은 성소 안으로 들어가지 못합니다. 기도의 응답이 없는 이유는 바로 뜰에서 기도하고 있기 때문입니다. 에스더와 시녀들이 3일을 금식해도 현실적으로 바뀐 것은 없었습니다. 그들이 비록 대궐문 안에 있었지만, 왕이 문을 열고 기다리는 안뜰로 들어가지 않았기 때문입니다.

　우리는 열심히 기도하며 고백합니다. "우리의 죄를 태워주옵소서!" "우리의 죄를 씻어 주옵소서!" "우리를 용서하여 주옵소서!"라고 기도하며 번제단과 물두멍에 머물다가 다시 바깥뜰로 나갑니다. 또 일상 속에서 실수하고 넘어지고, 때로는 죄와 친구하다가 다시 제물을 들고 성막 뜰로 들어옵니다. 이전처럼 죄를 회개하고 죄를 씻고 그곳에 머물다가 또다시 일상으로 돌아갑니다.

많은 사람이 의지를 복종시켜 하나님을 예배합니다. 하나님의 말씀으로 자기를 새롭게 합니다. 그리고 만족하며 그곳에 머물고 있습니다. 그곳이 성막 뜰이라는 사실에 때로는 만족하지만 성소로 들어갈 생각을 하지 않습니다.

왜냐하면 감정의 문제를 처리하는 것은 생각처럼 쉽지 않기 때문입니다. 또 지성과 의지를 지배하는 감정이 원하지 않기 때문입니다. 그러나 감정을 깨뜨리지 않고 성소로 들어갈 방법은 없습니다. 그래서 대궐문을 지나 궁전에 살던 에스더조차 안뜰로 들어가 왕 앞에 서는 것을 두려워했습니다. 왕 앞에 서는 자는 벌거벗음과 두려움을 통과해야 하기 때문입니다.

위장된 친밀함

친밀함을 위한 기도는 꼭 필요한 기도임에도 우리가 너무나 소홀히 하는 기도입니다. 우리는 저마다 하나님께로 가까이 갈 수 있다는 소망으로 기도를 시작합니다. 그러다 어느 순간 이런 기도는 멈추고 맙니다. 친밀함을 위한 여정에서는 숨겨져 있던 죄와 상처, 붙잡고 있던 자기 의와 탐욕이 다 드러나기 때문입니다. 사실 이런 것들이 드러나면 드러날수록 변화하고 성장합니다. 변화와 성숙은 감정의 문제가 처리될 때 시작되기 때문입니다.

그리스도의 장성한 분량에 이르기까지 자라는 것은 우리의 의무입니다. 자랄수록 하나님과 더 친밀해지고, 친밀해질수록 더 정결해야 합니다. 정금처럼 불순물이 없어야 하고, 고운 가루처럼 자기 소리가 나지 않아야 합니다. 그때 하나님의 위대함을 직접 경험하게 됩니다. 더 나아가 하나님을 주인으로 모실 때, 하나님은 우리를 보좌 앞으로 초대하십니다.

우리에게는 선택권이 있습니다. 원수의 말을 듣고 자기 자아를 붙잡을 선택권이 있고, 하나님의 음성을 듣고 하나님 앞에 나아가 무릎 꿇을 선택권이 있습니다. 하나님은 일방적으로 일하지 않으십니다. 성막 뜰에서의 지성과 의지를 통한 선택을 넘어 자신이 아무것도 아님을 인정하고 성소로 들어와 교제하길 원하십니다.

결국 '성막 뜰에 머물 것인가?' '성소(안뜰)로 들어갈 것인가?'

는 개인의 선택입니다. 성막 뜰에 머물면 자기가 아는 죄만 회개하면 됩니다. 의지를 죽이고 지성으로 죄를 파악하고 회개하는 것은 그리 어렵지 않습니다. 이미 알고 있는 죄들이기 때문입니다. 그런데 성소로 들어가기 위해서는 감정 안에 숨겨져 있던 죄와 상처를 들춰내어야 합니다. 붙잡고 있던 자기 의와 탐욕도 인정하고 깨뜨려야 합니다.

하나님 앞에서 온전해지고 거룩해지기 위해서는 자신을 하나님 앞에 완전히 드러내어야 합니다. 그리고 그 모든 것이 아무것도 아님을 하나님 앞에서 인정해야 합니다.

우리는 하나님께서 임하길 원합니다. 그러면서 정작 자기를 변화시키고 성숙시켜야 한다는 사실을 잊을 때가 많습니다. 하나님은 100% 거룩하시고 100% 의로우십니다. 0.1%의 악과도 섞이지 않으십니다. 우리는 숨겨져 있는 죄와 상처, 붙잡고 있던 자기 의와 탐욕을 소유한 채 하나님의 임재를 갈망하는 오류를 범하고 있습니다.

우리는 자기가 있는 곳으로 하나님을 모셔 내리려는 오만함을 버려야 합니다. 우리의 기도가 마치 아론의 두 아들 나답과 아비후가 하나님 앞에 분향했다가 죽은 다른 불과 같아서는 안 됩니다.

하나님은 결코 사람의 방법을 받으신 적이 없으십니다. 사람의 방법은 육체의 소욕이기 때문입니다. 하나님은 땅에서 아무리 잘 나가는 사람도 그대로 쓰신 적이 없으십니다. 깨뜨리고 부서뜨린 후 사람의 방법을 포기하게 한 다음에 사용하셨습니다. 이런 과정이 싫은 사람은 성막 뜰에서의 피비린내와 노린내를 기도의 향기로 오해하고 그곳에 머물러 있는 사람입니다. 성소 안으로 들어가지 못하면 뜰에 머물거나 있던 곳으로 되돌아갈 수밖에 없습니다.

우리는 자기 마음대로 무언가를 하려는 의지를 복종시키고, 기억하고 알고 있는 죄를 회개하고 용서했습니다. 그리고 하나님 앞에 기도하는데 왜 기도의 응답이 없습니까? 하나님께서 기도를 들으시라고 목청을 돋우어 부르짖고 때로는 울부짖었습니다. 그런데도 하나님의 응답이 없는 이유가 무엇입니까? 바로 성막 뜰에서 기도하고 있었기 때문입니다.

하나님께서 자녀의 기도를 듣지 않으시는 것이 아니라 잘못된 곳에서 기도하기 때문입니다. 또 그곳은 살고자 부르짖는 짐승들의 울부짖는 소리 때문에 세미한 하나님의 음성을 들을 수 없는 곳입니다.

사도 요한은 성도의 기도를 향기라고 했습니다. 향기는 성소의 향로에서 올라갑니다. 우리의 기도는 바로 성소에서 올라가야 합니다. 성막 뜰은 짐승의 피비린내와 번제의 노린내가 나는 곳입니다. 그것을 향기로 오해하는 실수를 하지 않아야 합니다. 성도의 기도는 성소에서 자연스럽게 이루어져야 합니다. 그것이 하나님께서 받으시는 향기입니다. 향로에서 향기가 올라가는 자리, 그곳은 바로 하나님의 거룩한 임재가 있는 지성소와 성소 사이의 휘장이 열린 곳입니다. 우리가 성소로 들어갈 때 비로소 예수님께서 자신의 육체를 열어놓으신 하나님의 보좌 앞에 서게 됩니다.

우리가 하나님 앞에서 저지르는 실수 가운데 하나는 삶에서는 친밀함을 느끼지 못하면서 예배 시간에는 친밀함을 보장받으려 하는 것입니다. 삶이 예배라는 사실을 놓치고 있기 때문입니다. 우리의 모든 행위를 달아보시는 하나님 앞에 얼마나 가증스러운 행동입니까? 기도는 예배의 축소판이고 삶은 예배의 확장판이라는 사실을 인정할 때 가증스러운 외식이 우리에게서 사라집니다.

만일 어떤 행위를 통해 서로의 관계를 유지하려 한다면, 그 행위는 진실할 수 없습니다. 그러나 온전한 관계가 되면 행위는 진실해집니다. 하나님과 우리의 관계는 어떤 관계보다 깊고 친밀한 관계입니다. 그러므로 하나님을 만족시키기 위해 무엇을 연습할 필요는 없습니다. 연습조차도 관계의 일부이기 때문입니다.

우리가 만일 하나님과 온전한 관계가 된다면 일상의 삶에서도 하나님을 경험할 수 있습니다. 감정이나 지성이나 의지로 하나님을 만족시키기 위해 애쓸 필요도 없습니다. 하나님과의 관계 자체가 하나님의 사랑과 임재를 누리는 우리의 권리이기 때문입니다.

지성과 의지의 문제는 성막 뜰에 있을 때 다루어야 할 부분입니다. 이 문제를 다루고 포기하지 않으면 결단코 앞으로 나아갈 수 없습니다. 뜰에서는 하나님께서 원하시는 기도를 할 수 없습니다. 그러나 성소에서는 우리가 원하는 기도를 할 수 없습니다. "하나님! 제가 양식이 필요합니다." "하나님! 제가 승진하고 싶습니다." "하나님! 합격시켜 주옵소서!" 이런 기도는 바깥뜰에서 보지 못하고 듣지 못하는 거짓 신들에게 하는 이방인의 기도입니다.

"하나님! 제가 죄를 지었습니다." "하나님! 저의 가문이 우상을 숭배했습니다." "하나님! 저의 원한을 갚아주옵소서!" 이런 기도는 성막 뜰의 기도입니다.

그러나 성소의 기도는 "하나님! 사랑합니다. 하나님! 감사합니다. 하나님! 말씀하옵소서! 제가 듣겠습니다."입니다. 이것을 방해하는 것이 바로 감정입니다.

문제는 감성을 '어떻게 처리할 것인가?' 입니다. '어떻게 찾고 인정하고 드러낼 것인가?'의 문제입니다. 어떤 사람은 "40일 금식을 했다."고 합니다. 어떤 사람은 "3일 단식을 했다."고 합니다. 어떤 사람은 "다 회개하고 나면 기억이 나지 않는다."면서 기억나지 않을 때까지 하라고 합니다. 우리가 회개한 부분에 대해 하나님께서 죄를 기억하지 않으시는 것이지 우리가 죄를 기억하지 못하는 것이 아닙니다.

회개는 우리가 만족할 때까지가 아닙니다. 우리가 지칠 때까지도 아닙니다. 회개는 사탄이 우리를 포기할 때까지이고, 하나님께서 멈추라고 하실 때까지입니다.

그것이 우상숭배의 문제이든, 원한과 용서의 문제이든 마찬가지입니다. 철저히 깨어지지 않으면 드러나지 않습니다. 회개와 용서가 없다면 결코 성소로 들어갈 수 없습니다. 회개는 지난 과거를 포기하고 자신을 깨뜨리는 것이며, 용서는 자신과 이웃에게 자유를 주는 것입니다. 하나님은 자기의 죄를 끌어안고 있는 자와 자신과 이웃을 원한으로 묶고 있는 자는 가까이 하지 않으십니다.

한계상황

자아를 죽이는 것은 생각만으로 되지 않습니다. 죽이겠다는 생각 자체가 이미 자아이기 때문입니다. 자기가 원하는 방식으로 자기가 원하는 만큼 죽인다면 그것은 완전한 죽음이 아니라 죽음을 흉내낸 것일 뿐입니다.

하나님께서 사람의 자아를 손보실 때는 사람이 할 수 있는 것이 아무것도 없는 상황으로 이끌어 가십니다. 독일의 실존주의 철학자 '카를 야스퍼스(Karl Jaspers, 1883-1969)'는 이런 시간을 '한계상황(Grenzsituation)'이라고 했습니다. '변화시킬 수도 없고 피할 수도 없어서 좌절할 수밖에 없는 어떤 벽과 같은 것'이라고 했습니다. 이런 환경에서는 사람이 할 수 있는 것은 아무것도 없습니다. 자신이 아무것도 아니라는 사실을 깨닫기까지 하나님은 그를 그곳에 두십니다.

마치 천 길 낭떠러지에 매달린 사람과도 같습니다. 모든 것이 불안하고 춥고 어둡고 배고픈 상황입니다. 위치를 모르니 절벽을 타고 올라갈 수도 없고 내려갈 수도 없습니다. 칠흑 같은 어둠이 계속되고 있습니다. 밤의 정점이 지났는지, 언제 새벽이 올지 도무지 알 수 없습니다. 너무나 어두운 나머지 자기 손도 보이지 않습니다. 상황을 예측할 수 없습니다. 정말 할 수 있는 것이 아무것도 없습니다.

"하나님! 저를 구원해 주십시오. 저를 살려 주십시오." 그러면서 바위를 붙잡고 있습니다. 입으로는 "하나님! 저는 할 수 있는 것이 아무것도 없습니다."라고 하면서 잡은 것을 놓지 않는 것, 이것이 자아입니다. 그러나 진짜 한계상황은 낭떠러지에 매달릴 힘조차 없습니다.

우리는 하나님께 방법을 묻고 순종하려고 하지만, 손에 잡은 것이 있다면 온전한 순종은 일어나지 않습니다. 순종이 오히려 자신을 불편하게 할 것이기 때문입니다. 이런 이유로 인생을 영원히 변화시킬 주님과 만날 기회를 놓칠 때가 많습니다.

손에 잡은 것을 놓을 때 하나님을 만날 수 있습니다. 그리고 잠잠한 가운데 하나님의 생각을 기다릴 때 비로소 관계가 시작됩니다. 의지를 죽이고 지성을 새롭게 하고 감정이 본격적으로 깨어질 때 비로소 하나님께 항복할 수 있습니다.

신앙의 여정에 있어서 가장 힘들고 어려운 순간이 이때입니다. 누가 대신할 수 없고 누구도 도와줄 수 없습니다. 신앙의 여정에서 거쳐야 하는 고치의 과정이기 때문입니다. 성막 뜰에서 성소로 들어가는 길은 얇은 천으로 되어 있습니다. 그러나 그 길은 어두운 터널과 같고, 맷돌 안과 같고, 영혼의 어두운 밤과 같은 시간입니다.

이 시간은 우리가 할 수 있는 것이 아무것도 없는 시간입니다. 애벌레가 부지런하다고 해서, 많이 먹었다고 해서 갑자기 나비로 탈피되지 않습니다. 자신이 먹은 만큼 실을 토해내고 그 안에서 번데기가 되어 기다려야 합니다. 이 시간은 무방비 상태입니다. 비를 맞을 수도 있고, 불을 만날 수도 있습니다. 한낮의 뙤약볕에 노출될 수도 있고, 새들이 쪼아 먹을 수도 있습니다. 고치가 나무에서 떨어져 밟힐 수도 있고, 사람이 떼어갈 수도 있습니다. 주변에 온갖 위험이 있지만 스스로 할 수 있는 것이 아무것도 없습니다. 도망갈 곳도 없고 갈 수도 없습니다. 그 위험한 과정을 통과했을 때 비로소 성체가 되어 고치를 뚫고 나옵니다.

우리가 이 과정에 있을 때는 존재 자체가 부정됩니다. 고치만 보이기 때문입니다. 누구에게서도 인정받지 못합니다. 아무것도 할 수 없는 상태이기 때문입니다.

우리의 혼이 더이상 힘을 발휘하지 못하고 스스로 할 수 있는 어떤 것도 없다는 사실을 인정할 때 비로소 우리의 영은 활동하기 시작합니다. 그리고 계시가 열립니다. 잠잠함은 우리의 삶에서 계시가 자유롭게 운행할 수 있도록 해주는 위대한 열쇠입니다.[11] 그때 비로소 우리의 영이 방해 없이 활동할 수 있기 때문입니다.

지성소는 마음대로 들어가거나 뭔가를 할 수 있는 곳이 아닙니다. 우리가 갈 수 있는 곳은 지성소의 열린 문 앞까지 입니다. 죄가 하나님 앞에서 문제가 되는 것은 아닙니다. 예수님의 보혈은 모든 죄를 다 씻고도 남습니다. 문제는 죄를 담고 있는 우리가 하나님을 거부하는 것입니다. 죄는 우리가 하나님을 찾아갈 이유가 되지만, 정작 하나님을 거부하는 원인이 되기도 합니다. 죄를 범한 아담과 하와가 동산에 거니시는 하나님의 소리를 듣고 동산 나무 사이에 숨은 것과 같습니다.

하나님께서 부르셨을 때 무화과 나뭇잎으로 만든 치마를 입고 나온 그들은 "하나님의 소리를 듣고 벗었으므로 두려워하여 숨었다."고 했습니다. 아담과 하와는 하나님 앞에 나아가는 사람은 벌거벗어야 한다는 사실을 놓쳤습니다. 원래의 자기 모습을 부인하고 자신의 방법으로 수치를 가리려고 했습니다.

죄는 가까이 오시는 하나님을 피할 여러 가지 핑계를 찾고 하나님에게서 숨도록 합니다. 우리는 약간의 회개가 끝나면 더이상 자신을 살피지 않습니다. 자신의 상태를 점검하지 않는 대신 죄의 이유를 이웃에게서 찾습니다. 그리고 자기의 정당성을 주장합니다.

우리는 하나님과 완전히 다른 자신의 상태를 생각해 보아야 합니다. 하나님은 어떤 악과도 섞이지 않으시며 어떤 불의도 용납하지 않으십니다. 또 어떤 거짓의 그림자도 없으십니다. 그런데 우리에게는 하나님께서 싫어하시는 악과 불의가 있어서 조그마한 이익을 위해 거짓을 만들어 냅니다. 마치 회칠한 무덤과 같습니다. 겉으로는 아름답게 보이지만 그 안에는 이미 죽은 사람의 뼈와 모든 더러운 것이 가득합니다. 우리가 겉으로 보기에는 거룩한 종교예식의 참석자이지만, 안에 악을 품고 있다면 과연 살아계신 하나님이 기뻐하시겠습니까? 혹 이런 상태로 예배하며 하나님의 임재를 갈망하고 있지는 않습니까?

하나님의 거처는 우리의 영이라는 사실을 꼭 기억해야 합니다. 하나님을 우리 안에 모셔 들이기 위해 영의 주변에 진을 치고 있는 것들을 처리해야 합니다.

바벨론 포로 시절, 이스라엘을 멸하려 했던 사람은 아말렉의 왕 아각의 후손 하만입니다. 에스더와 함께 하만을 죽인 모르드개는 사울과 같은 베냐민 지파 사람입니다. 성경은 사울을 기스(뜻: 능력)의 아들이라고 했습니다. 그런데 모르드개를 기스의 증손으로 기록하고 있습니다. 물론 기스는 동일인이 아닙니다. 그럼에도 기스를 언급된 이유는 무엇이겠습니까?

우리가 사명을 다 감당하지 못하면 자녀는 우리 몫의 사명까지 감당해야 합니다. 우리가 스스로 거부하기 전까지 사명은 우리의 혈통을 타고 유전되기 때문입니다. 우리는 후손들에게 어떤 유산을 물려줄 것인지 생각해야 합니다. 감당하지 못한 사명을 물려주어 후손을 위태롭게 하고 그 짐을 무겁게 할 것인지, 아니면 사명을 감당한 후 상급과 영광을 물려줄 것인지를 선택하고 실행해야 합니다.

어느 날, 하여야 할 일을 앞두고 부담스러워할 때였습니다. 언제 오셨는지 어느 틈엔가 다가가 조용히 말씀하셨습니다.

"나에 대한 너의 신뢰보다
너에 대한 나의 신뢰가 더 크단다."

하나님은 우리를 신뢰하십니다. 하나님에 대한 우리의 신뢰보다 우리에 대한 하나님의 신뢰가 훨씬 큽니다. 하나님은 일을 맡기실 때 우리의 능력을 보지 않으시고 순종을 보십니다. 바로 우리에 대한 하나님의 신뢰입니다. 그러나 불순종은 우리에 대한 하나님의 신뢰를 무너뜨립니다. 사울 왕의 실패는 그의 능력 부족이 아니라 순종 부족이었습니다. 사울 왕에게 있어서 순종을 가로막는 것은 두려움이라는 감정이었습니다. 자신이 백성으로 인해 왕의 자리에서 쫓겨날 수 있다는 두려움, 그래서 번제를 드리기 전에 나라를 가로질러 달려서 '하나님의 포도원(갈멜)'에 자기를 위한 기념비를 먼저 세웠습니다.

감정은 우리가 하나님의 사람으로 살아가는데 있어서 항상 걸림돌이 됩니다. 그런데 우리는 걸림돌인 감정을 방패막이로 오해합니다. 사울에게 있어서도 두려움은 불순종을 방어하는 수단이었습니다. 그러나 백성이 두려웠다는 사실이 사울의 불순종을 메우지는 못했습니다.

본디오 빌라도는 예수님이 죄 없다는 것을 알고 풀어주려고 했습니다. 때마침 아내 클라우디아가 사람을 보내었습니다. 자기가 꿈에 예수님 때문에 고생했다면서 "저 옳은 사람에게 아무 상관도 하지 말라."는 말을 전했습니다. 그러나 빌라도는 예수님을 십자가에 못 박으라고 내어주었습니다. 백성들이 민란을 일으킬까 두려웠고, 유대인의 총독이라는 자기 영광과 권세를 포기할 수 없었기 때문입니다. 이때 사용하는 사탄의 계략이 두려움이었습니다.

두려움은 항상 믿음이 없을 때 나타납니다. 신경을 마비시키고 근육을 굳게 하여 앞으로 나아가지 못하게 합니다. 사탄이 우리를 속박할 때 사용하는 가장 강력한 계략 가운데 하나입니다. 더 나아가 우리를 몰아대고, 괴롭히며, 고통을 주고, 공포를 느끼게 하는 것들로부터 숨게 만듭니다.12) 그러나 두려움은 실체가 없는 허상입니다. 같은 시간, 같은 상황에서 누군가는 두려움을 느끼고 다른 누군가는 느끼지 않는다는 것은 두려움이 실상이 아니라 허상이기 때문입니다.

반면 하나님의 임재 가운데 감정이 무너지고 항복하면, 옆에서 폭탄이 터져도 마음의 평안을 유지할 수 있습니다. 사람의 말이나 주변에 일어나는 어떤 일 때문에 절대 불안해하지 않습니다. 오직 하나님의 싸인 외에는 다른 것에 신경을 쓰지 않습니다.

성경에 기록된 모든 사건은 믿음의 선진만을 위한 것이 아닙니다. 우리에게 읽고 머릿속으로 기억하라고 주신 메시지가 아닙니다. 믿음의 선진에게 일어났던 모든 일은 우리를 위한 청사진입니다. 하나님의 방문도, 하나님의 공급도, 하나님의 기적도 모두 우리를 위한 청사진입니다.

이런 기적은 우리 안에서부터 시작되어 우리의 삶 속에 나타나야 합니다. 우리의 생애에 나타나는 가장 큰 기적은 하나님께서 우리 안에 임하심입니다. 천지와 만물의 창조자이신 하나님께서 한 줌 흙으로 지음 받은 우리 안에 임하십니다. 이것이 최고의 기적입니다. 그때 우리는 하나님의 호흡으로 채워집니다. 하나님의 생기가 공급되고 살아 움직이게 됩니다.

바울은 아덴 성이 우상으로 가득한 것을 보고 '마음(영, πνευ-μα)'에 격분했습니다. 길거리에서 '에피쿠로스' 철학자들과 '스토아' 철학자들을 만나 변론했습니다. 에피쿠로스 학파는 감정을 중요하게 여겨서 '쾌락을 인생의 목적'으로 삼던 학파입니다. 스토아 학파는 감정이나 충동에 흔들리지 않는 '이성(지성)을 따르는 삶을 인생의 목적'으로 삼던 학파입니다. 이들과 변론하던 바울은 "사람이 하나님을 더듬어 찾을 수 없다."고 말했습니다. 그러면서 우리는 하나님을 힘입어 살며 기동하며 존재한다고 했습니다. 이처럼 사람의 지성과 감정으로는 하나님을 더듬어 찾을 수 없습니다.

　그러나 감정과 지성과 의지가 포진하고 있는 혼이 영에 순종한다면 하나님의 방문을 받을 수 있습니다. 우리가 혼을 복종시키는 만큼 하나님의 거룩 앞에 서게 됩니다. 그곳에서 하나님으로 충만해졌을 때 비로소 하나님의 일을 감당할 수 있습니다.

성소로

우리는 의지를 죽이고 지성을 새롭게 한 후 성소로 들어가야 합니다. 이때까지 감정은 결코 자신의 정체를 드러내지 않습니다. 감정은 변덕이 심한 혼의 우두머리이며 자신까지도 속이는 존재입니다. 이 우두머리를 죽이겠다는 각오가 없으면 성막 뜰에서 만족해야 합니다. 기필코 감정의 문제를 처리하겠다는 각오가 있어야만 성소로 들어갈 수 있습니다.

감정은 죽기 전에는 누구에게도 자기 자리를 내어주지 않습니다. 하나님께 대항할지언정 양보를 모릅니다. 구원에 대한 지식이 있고 그것을 이루려는 의지가 있을지라도 폭군과 같은 감정에 따라 순간순간 바뀔 수 있는 것이 사람입니다. 열심 있는 신앙생활을 하고, 죄를 회개하고, 열심히 살겠다는 각오를 하지만 얼마 지나지 않아 또다시 지성과 의지의 문제에 머무는 것은 감정에 밀려 여전히 성막 뜰에 머물기 때문입니다.

제자들은 예수님이 이 땅에 오신 하나님의 아들이란 사실을 알았습니다. 많은 고난을 받고 죽은 후 부활하실 것을 알았습니다. 예수님은 제자들에게 "오늘 밤에 너희가 다 나를 버리리라."고 하셨습니다. 이때 베드로와 제자들은 죽을지언정 주님을 부인하지 않겠다고 했습니다.

베드로가 이르되 내가 주와 함께 죽을지언정 주를 부인하지 않겠나이다 하고 모든 제자도 그와 같이 말하니라 마 26:35.

제자들은 주님이 어떤 고난을 당하실지 지성으로 알고 있었습니다. 결코 부인하지 않겠다고 의지로 다짐했습니다. 그런데 모두 예수님을 버리고 도망갔습니다. 두려움과 의심이라는 감정이 지성과 의지 위에 있었기 때문입니다.

반면 바울은 "날마다 죽는다."라고 고백했습니다. 이성과 의지 뿐만 아니라 감정까지 하나님 앞에 내려놓았습니다. 자신에게 숨겨져 있던 것과 자신이 붙잡고 있던 모든 것이 자기 우상이었기 때문입니다.

의지와 지성을 넘어서 성소 안으로 들어갈 때 감정 속에 숨겨져 있던 죄와 상처, 붙잡고 있던 자기 의와 탐욕이 드러납니다. 그때 감정의 문제가 해결되고 하나님 보좌 가까이 나아가게 됩니다.

하나님은 자기를 찾는 자에게 끌리십니다. 하나님께서 우리에게 가까이 다가오지 않으시는 이유는 우리가 그만큼 하나님을 찾지 않기 때문입니다. 우리는 스스로 하나님을 찾는다고 자신 있게 말할 수 없습니다. 우리의 감정에는 하나님께로 나아가는 것을 방해하는 걸림돌이 무수히 많기 때문입니다.

우리는 예수님의 피를 힘입어 성소에 들어갈 담력을 이미 얻었습니다. 고라 자손이 장막의 성소를 '하나님의 성'이라고 했던 것처럼, 우리가 성소로 들어가야 하는 이유는 하나님께서 그곳을 거니시기 때문입니다. 그곳은 예수님께서 몸을 열어 지성소와 성소를 하나 되게 한 곳입니다. 성소로 가기 위해 담력을 가져야 하는 이유는 하나님께 가까이 갈수록 우리의 숨겨져 있던 죄와 상처, 붙잡고 있던 자기 의와 탐욕이 다 드러나기 때문입니다. 우리는 자신의 문제를 하나님 앞에 드러내기를 주저하지 않아야 합니다. 하나님 앞에서 자신의 최악의 상태를 드러내고 마주하지 않으면, 하나님께서 주실 최고의 영광된 순간을 맞이할 수 없을 것이기 때문입니다.

하나님께로 가까이 가는 길은 결코 쉬운 길이 아닙니다. 거절에 대한 두려움과 죄로 인한 수치 때문입니다. 우리는 하나님 앞에서 자신의 상태와 형편을 봅니다. 지난날 사람 관계 속에서 자신의 연약함과 부족함 때문에 겪었던 일을 무의식적으로 기억합니다. 거절에 대한 두려움과 수치, 자신의 상태와 형편, 그리고 연약함과 부족함은 하나님께로 가던 걸음을 멈추게 합니다.

그러나 신앙은 누가 대신 걸어갈 수 있는 길이 아닙니다. 힘들어도 자신이 걸음을 옮겨야 하는 외길입니다. 우리가 하나님의 깨뜨리심과 부서뜨림 속에 자신을 내어놓지 않으면 자신이 만든 십자가를 섬기다가 언제든지 '그 있던 곳으로' 돌아갈 수 있습니다.

나는 나의 가장 큰 원수이자
나의 유일한 희망의 발견자이다.
- 폴 트립 -

성소(안뜰)

"보좌를 경험하라!"

깊이 잠든 시간, 누군가가 크게 흔드는 손길에 놀라 눈을 떴습니다. 주변에는 아무도 없었습니다. 새벽의 깊은 침묵만 흘렀습니다. '오늘은 무슨 일일까?' 일어난 김에 강단으로 나아가 기도의 자리에 앉았습니다. 새벽 도로를 달리는 자동차 소리가 고요함을 깨뜨렸습니다.

찬양하고 말씀을 읽고 생각에 잠겼습니다. 매일 드는 생각이지만 교회와 성도를 어떻게 사용하실지 궁금했습니다. 어떻게 기도할지 몰라 침묵했습니다. 어느 순간부터 저의 심장이 뛰는 소리만 들렸습니다. 몇 분일까? 고요하게 흐르는 침묵을 깨고 귓가에 속삭이듯 말씀하셨습니다.

"보좌를 경험하라!"

소스라치게 놀았습니다. 그러면서도 너무나 부드럽고 온화하면서도 거부할 수 없는 무게감 있는 음성이 황홀할 정도로

좋았습니다. 마치 모든 세포 속으로 스며드는 음성초대장처럼 느껴졌습니다. 그때 다시 말씀하셨습니다.

"보좌를 경험하라!"

한때 "내가 너의 예배를 몇 개나 받았는지 아니?"라고 하셨던 분이 이제 저에게 자신의 "보좌를 경험하라!"고 하셨습니다. 보고 듣고 몸으로 겪어야 할 일입니다. 여전히 저의 몸 안에는 악이 있다는 것을 하나님은 아십니다. 보좌 앞에 나아가야만이 숨어있는 악이 무너지기 때문이며, 그때 비로소 저의 성품이 주어진 부르심을 감당할 정도로 변화하기 때문입니다.

은밀한 안뜰

　성소는 동쪽면과 서쪽면이 각각 너비 4.56m, 높이 4.56m, 남쪽면과 북쪽면은 각각 너비 9.12m, 높이 4.56m로 바닥넓이가 약 12.6평 정도되는 작은 공간입니다.
　성소의 남쪽면과 북쪽면은 조각목으로 만들고 금을 입힌 널판으로 되어 있습니다. 천정은 내·외부 앙장과 막의 덮개와 외부 덮개의 4중 구조로 되어 있습니다. 서쪽면의 '청색 자색 홍색실과 가늘게 꼰 베실로 만든 장에 그룹을 수놓은 휘장'이 있고, 그 뒤편은 지성소입니다. 동쪽면은 성막 문과 동일하게 '청색 자색 홍색실과 가늘게 꼰 베실'로 만든 휘장으로 된 출입구입니다. 아론은 저녁부터 아침까지 하나님 앞에서 항상 등잔불이 꺼지지 않도록 심지를 점검했습니다. 등잔불에 의존하지 않으면 아무것도 볼 수 없습니다. 우리의 본성에서 나오는 어떤 감정이나 논리, 분석이나 판단 같은 것들이 통하지 않는 곳을 의미합니다.

제사장들조차 함부로 들어갈 수 없는 곳이 성소입니다. 하나님께서 제사장들이 성소에 들어갈 시간을 정해 놓으실 정도였습니다. 물론 들어가서 해야 할 일도 정해져 있었습니다.

아론과 그의 아들들로 회막 안 증거궤 앞 휘장 밖에서 저녁부터 아침까지 항상 여호와 앞에 그 등불을 보살피게 하라 이는 이스라엘 자손이 대대로 지킬 규례니라 출 27:21.

거룩하신 하나님 앞에 선다는 것은 결코 쉽고 편한 것이 아닙니다. 굉장한 경외감과 담대함을 필요로 합니다.

아론이 입고 여호와를 섬기러 성소에 들어갈 때와 성소에서 나올 때에 그 소리가 들릴 것이라 그리하면 그가 죽지 아니하리라 출 28:35.

아론과 그의 아들들이 회막에 들어갈 때에나 제단에 가까이 하여 거룩한 곳에서 섬길 때에 그것들을 입어야 죄를 짊어진 채 죽지 아니하리니 그와 그의 후손이 영원히 지킬 규례니라 출 28:43.

성소 안에는 떡을 진설할 상과 일곱 가지가 달린 금 등대와 향을 피울 순결한 향단과 향로가 있습니다. 간소해 보이는 성전 도구이지만 결코 함부로 접근할 수 없는 성물입니다. 이것을 '지성물'이라고 했습니다.

성소 안으로

　하나님은 우리의 아버지이시고 우리는 자녀입니다. 우리는 하나님의 형상을 가지고 예수 그리스도의 피에 접목된 자들이며 왕가의 혈통을 가진 존재들입니다. 또 스스로 하나님께 기도하며 이웃을 위해 중보하는 제사장들입니다. 그래서 성경은 우리에 대하여 왕과 제사장이라고 분명히 기록하고 있습니다.

　지성소에는 대제사장이 1년에 단 1번 들어갔지만, 성소에는 매일 들어갔습니다. 등잔에 기름을 채우고 저녁부터 아침까지 등불을 보살폈습니다. 하나님이 거저 주시는 구원의 선물을 받은 우리도 매일 성전 뜰에서 자기 의지를 포기하고 또 자신을 정결케 한 후 성소로 들어갈 수 있어야 합니다.

　그곳까지만 들어가면 예수 그리스도께서 이미 휘장을 열어놓고 기다리십니다. 지성소와 성소 사이의 휘장 가운데 난 길은 지성소와 성소를 하나로 만들었습니다. 우리가 힘쓰고 애써 가야 할 곳은 성소입니다. 그 다음은 하나님의 몫입니다. 하나님을 지성소 밖으로 불러내려 하지 말아야 합니다. 성막 뜰로도, 바깥뜰로도 하나님을 불러내려 해서는 안 됩니다. 우리가 성소 안으로 들어가야만 합니다.

그리고 성소 안으로 들어가기 위해서는 숨겨져 있거나 붙잡고 있는 죄와 감정의 문제를 처리해야 합니다. 철저히 부서지고 무너질 각오를 해야 합니다. 이것을 살려둔 사람은 성소에 들어갈 수 없고, 들어가서는 견딜 수 없기 때문입니다.

번제단에서 의지를 죽인 후 물두멍에서 지성을 새롭게 한 것으로 끝나서는 안 됩니다. 고운 가루가 되어서 떡상에 올라야 하고, 빻은 기름이 되어 등잔을 채워야 하며, 빻은 향이 되어 향로에 담겨야 합니다.

하나님은 어떤 악도 용납하지 않으시며 악에 대하여 돌진하십니다. 땅에서 난 것 중에 거룩한 것은 없습니다. 흙으로 된 우리에게서 거룩한 것이 나올 수 없습니다. 타락한 본성이 숨겨두고 있는 것과 추구하는 욕망은 하나님의 거룩하심과는 거리가 멀기 때문입니다. 우리가 이런 것을 붙잡고 있을 필요는 없습니다. 하나님께서 주시고자 하는 것과는 비교조차 되지 않기 때문입니다.

예수 그리스도께서는 자기의 몸으로 우리에 대한 하나님의 진노를 막고 계셨습니다. 십자가에서 우리의 죄 값을 치르시면서 자신의 몸을 여셨습니다. 휘장은 예수 그리스도의 몸입니다. 자신의 몸을 열어 만드신 그 길은 성소에 있는 자가 지성소에 임하시는 하나님을 만나는 유일한 통로입니다. 그런데 하나님 앞으로 가는 열린 문 앞에 선 자가 여전히 죄를 품고 있다면 어떻게 되겠습니까? 하나님은 그를 소멸하실 수밖에 없으십니다.

그러므로 우리는 왕과 제사장으로 하나님 앞에 서기 위해 철저히 자신을 살펴야 합니다. 왕과 제사장인 우리는 하나님의 마음과 사람의 마음을 모두 품은 자입니다. 우리는 제사장으로서 사람의 마음을 품고 하나님께 나아가며, 왕족으로서 하나님의 마음을 품고 사람에게 다가가야 합니다. 이것이 하나님께서 우리의 기도와 간구를 거절하지 못하는 이유이며, 우리가 하나님의 말씀에 순종해야 하는 이유입니다. 세상은 제사장인 우리가 하나님을 어떻게 섬기는지, 또 왕족으로서 어떻게 사는지를 보고 하나님을 알게 될 것이기 때문입니다.

마음의 집

　자기중심의 목적을 부여잡고 성소로 들어갈 수는 없습니다. 주 예수를 믿는다는 사실은 성소로 들어갈 자격을 주지만, 성소로 들어갈 상태로 바꾸어 주는 것은 아닙니다. 숨겨진 것을 찾아 드러내는 것과 손에 잡은 것을 놓는 것은 자기 자신이어야 하기 때문입니다. 그렇다면 지성소 그룹 사이에 임하시는 하나님을 뵙기 위해 성소로 나아갈 때 우리가 무엇을 가지고 가야 하겠습니까?

　우리가 마음에 뿌림을 받아 악한 양심으로부터 벗어나고 몸을 맑은 물로 씻었으니 참마음(카르디아, καρδία)과 온전한 믿음으로 하나님께 나아가자 히 10:22.

　주님은 휘장 가운데로 새로운 살 길을 열어주셨습니다. 우리는 그 길 앞에 설 수 있어야 합니다. 참마음과 온전한 믿음을 소유해야만 갈 수 있는 곳입니다. 야고보는 온전한 믿음에 대하여 간단한 정의를 해주었습니다.

　네가 보거니와 믿음이 그의 행함과 함께 일하고 행함으로 믿음이 온전하게 되었느니라 약 2:22.

　문제는 앞에서 언급한 참마음입니다. 악한 양심으로부터 벗어나야 참마음을 가질 수 있습니다. 사람이 의식하는 마음은 전체의

10-15% 정도밖에 되지 않습니다. 학자들은 정신 활동의 85-90%나 되는 압도적인 양이 잠재의식에서 일어난다고 추정합니다.[13] 자신이 의식하지 못하는 마음 상태, 무엇이 들어있는지도 모르는 마음 상태입니다. 타락한 본성을 가진 자연인의 마음은 눈에 보이지 않는 죄와 상처, 자기 의와 탐욕으로 채워져 있습니다.

하나님은 우리가 알지 못하는 우리의 이런 마음 상태를 알고 계십니다. 우리는 하나님께서 임재하고 운행하실 수 있는 상태가 되어야 합니다. 마음을 살피고 깨끗하게 하는 것은 하나님의 몫이 아니라 우리의 몫입니다.

> 주를 향하여 이 소망을 가진 자마다 그의 깨끗하심과 같이 자기를 깨끗하게 하느니라 요일 3:3.

예수 그리스도의 보혈을 마음에 뿌림 받은 자는 자신의 마음을 정결케 하고 믿음을 온전케 할 의무가 있습니다. 신앙이라는 이유로 수동적 관찰자가 되지 않아야 합니다. 우리가 이 땅을 살아가는 동안은 하나님의 자녀로서의 특권보다는 의무가 더 많기 때문입니다.

하나님을 믿는 사람의 마음 상태를 다윗은 너무나 잘 알고 있었습니다. 하나님의 마음에 합한 자라는 인정을 받은 다윗이었지만 그에게도 악이 유전되고 있었습니다.

다윗을 멸시하고 반대하는 세력들이 많았습니다. 몇몇 유대주석가들이 믿는 것처럼 다윗이 그의 아버지와 암몬 사람 나하스의 아내 사이의 은밀한 관계로 생긴 자식인 것을 알았다면, 가족들은 그를 가문의 수치로 여겼을 것이고 가능한 보지 않고 살려 했을 것입니다.14) 또 다윗의 조부 오벳은 증조부 보아스와 모압 여인 룻의 계대결혼을 통해 태어난 아들이었습니다. 또 증조부 보아스는 살몬과 여리고 기생 라합 사이에서 태어난 아들이었습니다. 다윗에게는 암몬 족속과 모압 족속과 가나안 족속의 피가 모두 흐르고 있었습니다. 이런 이유로 홍수 이후 아버지 노아로부터 저주를 받았던 가나안의 후손인 여부스(짓밟힘, 또는 거절) 족속 조차 다윗을 멸시했습니다.

> 왕과 종자들이 예루살렘으로 가서 그 땅 거민 여부스 사람을 치러하매 그 사람들이 다윗에게 말하여 가로되 네가 이리로 올라오지 못하리라 소경과 절뚝발이라도 너를 물리치리라 하니… 삼하 5:6.

준수하고 다른 사람보다 어깨 위가 더 큰 사람 사울이 40년 동안 정복하지 못한 곳이 바로 시온성입니다. 시온성은 모든 것을 짓밟고 거절하는 여부스 족속이 차지하고 있었습니다. 그곳을 하나님의 마음에 합한 사람 다윗이 정복했습니다. 그것도 가장 비굴한 모습, 여부스 족속이 오물을 버리는 하수구로 숨어 들어가 승리했습니다. 다윗은 그렇게 부서져야만 했습니다. 후일 바로 그곳에서 예수님은 온갖 멸시와 침 뱉음과 수모를 겪으셨고 원수의 모든 짓밟음을 감당하시고 승리하셨습니다.

다윗에게는 '하나님의 마음에 합한 자'라는 의가 있었고, 모든 전쟁에서 승리한 영광과 왕으로서의 권세가 있었습니다. 그러나 타락한 본성에서 나오는 높아지려는 자아와 욕망까지 내려놓고 자신을 철저히 깨뜨려야 했습니다.

이것은 하나님께서 우리를 다스리시기 위해 현재 우리의 삶을 지배하는 보좌에서 끌어내릴 때 사용하시는 방법입니다. 깨어짐은 고통스러운 일이지만 큰 영적인 축복을 주시는 하나님의 가장 합리적인 방법입니다. 부서진 것에 끌리시는 하나님은 부서짐에서 가장 아름다운 것을 끌어내시기 때문입니다.[15]

하나님은 망가진 사람에게서 가장 큰 매력을 느끼시며 부서진 자를 가장 아름답게 보십니다. 하나님은 우리를 다스리기 위해 깨어짐이라는 방법을 사용하십니다. 우리의 삶을 지배하고 있는 숨겨져 있던 죄와 상처, 붙잡고 있던 자기 의와 탐욕을 깨뜨리십니다. 우리가 붙잡고 추구하는 것을 완전히 부셔뜨리십니다. 악착같이 붙잡고 있는 그 견고함 안에 하나님께서 이루시고자 하는 부르심이 있기 때문입니다.

다윗은 안팎으로 많은 반대자가 있었습니다. 다윗은 "천만인이 나를 둘러 치려 하여도 두려워하지 않을 것"이라고 했습니다. 그런데 사실 이 말은 사람의 영과 혼의 관계를 설명한 말입니다. 그러므로 혼이 깨어지지 않으면 우리는 결코 교회의 축복이 될 수 없으며, 세상은 우리를 통해서 하나님의 은혜를 받을 수 없습니다.[16] 지성소와 하나된 성소에 들어가는 제물은 살찐 황소도, 양도, 염소도, 비둘기도 아닙니다. 곱게 빻아졌다가 구워진 가루이고, 빻아진 열매이며, 빻아진 껍질이고, 벗겨진 나무의 진액입니다.

우리의 마음은 하나님을 경배하고 섬기는 성소가 되기도 하고, 사탄이 집을 짓는 소굴이 되기도 합니다. 사탄은 우리가 악한 생각만 하여도 마음 문 앞에 다가와 기회를 엿봅니다. 그러다가 악한 것을 말하거나 행동으로 옮기면 불법을 행하는 사탄이 그때는 합법적으로 들어옵니다.

예배를 방해하는 것은 사실 주변의 소음이 아니라 우리 안에 있는 소음입니다. 그래서 사람의 생각은 하나님과 원수가 됩니다. 그러나 곱게 부서진 곡식과 빻아진 열매와 빻아진 껍질과 벗겨진 나무의 진액은 소리가 나지 않습니다. 그러므로 우리는 자신의 마음을 깨뜨림으로 하나님께서 인정하시는 참마음으로 변화시킬 수 있어야 합니다.

비움

비워지기 전에는 결코 다른 것으로 채워질 수 없습니다. 새것을 담기 위해 옛것은 반드시 비워야 하는 것처럼, 하나님 앞에서 쓰임 받기 위해 우리 속에 길들여졌던 옛것은 반드시 비워 내어야 합니다. 그 과정은 주위 환경을 통해 이루어집니다. 하나님께서 함께 하시는 경험을 통해 하나님이 주인되심을 깊이 알아가게 되고, 순복하는 이유와 방법을 배우게 됩니다.

'나는 정말 할 수 있는 것이 아무것도 없구나! 나는 내 인생 하나 책임질 수 없는 사람이구나! 나는 나 스스로 시계 초침도 하나 움직일 수 없구나! 그런데 하나님은 나를 책임지시고, 나의 인생을 성공적으로 이끌어 가실거야!' 이것이 순복입니다. 순복은 하나님 앞에서의 삶의 경험을 통해 도달할 수 있습니다.

사실 하나님은 좋은 환경을 위해 기도하라고 하신 적이 없으십니다. 좋은 환경을 주시고자 했으면 이스라엘을 광야로 인도하지 않으셨을 것입니다. 하나님께서 이끄시는 곳은 오직 하나님의 은혜가 아니면 하루도 살아갈 수 없는 거친 들이었습니다. 거기서 자기를 부인하는 법을 배우게 됩니다. 자기가 부인되면 부인될수록 자아는 깨어지고, 자아가 깨어지면 깨어질수록 하나님은 그에게 더 크게 자리하십니다.

하나님과 교통하는 영은 온갖 주변의 소음에 반응하는 혼에 둘러싸여 있습니다. 세상 만물은 시간을 지나면서 성장하는 것이 순리입니다. 사람의 영 역시 하나님과의 관계를 통해 시간 속에서 성장해야 합니다. 그래서 하나님은 바울을 통해 속사람인 영이 강건해야 할 것과 자라야 할 것을 말씀하셨습니다.

> 그의 영광의 풍성함을 따라 그의 성령으로 말미암아 너희 속사람을 능력으로 강건하게 하시오며 엡 3:16.

> 우리가 다 하나님의 아들을 믿는 것과 아는 일에 하나가 되어 온전한 사람을 이루어 그리스도의 장성한 분량이 충만한 데까지 이르리니 엡 4:13.

하나님은 우리가 아들이신 예수 그리스도를 믿는 그 초기 상태로 만족하지 않으시며, 신앙의 여정 안에서 변화되고 성숙하기 원하십니다. 변화와 성숙은 옛 성품을 스스로 포기할 때 시작합니다. 우리의 생각과 능력의 한계 안에서는 똑같은 계획과 똑같은 실패를 되풀이할 수밖에 없습니다. 하나님은 '인간 지성의 한계'를 초월해 계신 분이십니다. 이러한 하나님 앞에 나아가는 사람은 하나님을 받아들이기 위해 자신을 비울 수 있어야 합니다.

감정

성소는 혼의 3요소 중에서 감정에 해당합니다. 기쁨과 슬픔이 여기에 있습니다. 이웃을 향한 깊은 긍휼이 여기에 있고, 원수까지 품을 수 있는 사랑이 여기에 있습니다. 영에 임하시는 하나님의 마음에 반응할 수 있는 성품도 여기에 있습니다.

그런데 문제는 사람의 감정이 상처투성이이고, 자신도 모르게 왜곡되어 있다는데 있습니다. 숨어있는 죄와 상처로 왜곡된 자기감정과 싸워 이길 사람은 없습니다. 모든 사람이 자기감정의 포로이기 때문입니다.

감정을 다루는 데는 지성의 어떤 논리도 소용이 없습니다. 감정은 순간의 만족을 위해 자신을 속이며, 자기의 목적 성취를 위해 거짓을 만들어내기 때문입니다. 감정은 아이가 어머니의 복중에 있을 때부터 스스로 만들어 놓은 견고한 요새와 같아서 오로지 자기만족을 위해 성문을 여닫을 뿐입니다. 감정은 기어이 자기 고집대로 밀어붙이는 변덕 많은 고집쟁이와 같습니다. 감정은 따뜻한 가슴을 찢고 이성과 존경을 자신의 발밑에 짓밟아 버립니다. 이 감정은 결코 "이제 충분하다."고 말하는 법이 없습니다.[17]

우리는 일에 지치기보다 감정의 문제에 지칠 때가 더 많습니다. 감정은 분별력이 없어서 어른과 아이를 구별하지 않습니다. 감정은 판단력이 없어서 밤과 낮뿐만 아니라 상황을 고려하지 않습니다. 감정은 인격과 체면이 없어서 성인군자도 순간순간 어린아이가 됩니다. 이런 요새가 버티고 있는 한, 하나님께로 나아갈 수 없습니다. 주인이신 하나님조차 감정의 초대에 반응하실 뿐입니다.

이런 감정의 바닥에 새겨진 것 중의 하나가 잠재의식입니다. 아무리 의식적으로 새로운 진리의 패러다임을 받아들이려 마음먹어도 잠재의식이 받아들이지 않으면 그만입니다. 잠재의식은 결코 의지가 선택하는 대로 변화하지 않습니다.[18] 지성이 깨닫는 대로 반응하지도 않습니다.

  잠재의식 안에서는 모든 것이 가능하며, 모든 것이 잠재의식으로 가고, 모든 것이 잠재의식으로부터 나오고, 잠재의식은 모든 것에 속하고, 모든 것은 잠재의식과 닿아있습니다. … 우리의 잠재의식이 사실로 받아들인 것은 우리의 행동에 영향을 미칠 뿐 아니라 겉으로 드러난 존재의 패턴도 창조합니다.[19] 결국 우리의 삶은 잠재의식이 밖으로 발현된 것일 뿐입니다.

  이런 감정이 지성과 의지를 동원하여 자기가 필요한 것을 이루고 그것을 붙잡고 있습니다. 이처럼 감정이 추구하는 모든 것은 자기중심적이며, 하나님이 하시고자 하는 일과 충돌합니다.

아이의 감정 이입

갓 태어난 아이도 이미 감정을 주관하는 편도체가 왕성하게 활동합니다. 감정 이입이 충분히 이루어지고 또 감정의 지배를 받습니다. 어머니 자궁에서 이입되고 형성된 감정은 아이의 평생과 영원을 좌우합니다.

다윗은 자신의 어머니가 죄 중에 자신을 잉태했다고 했습니다. 어머니의 자궁에 착상한 아이는 영양분과 함께 죄도 흡수합니다. 다윗은 그런 사실을 인정하고 회개했습니다.

내가 죄악 중에 출생하였음이여 어머니가 죄 중에서 나를 잉태하였나이다 보소서 주께서는 중심(투하, טחה)이 진실함을 원하시오니 내게 지혜를 은밀히 가르치시리이다 우슬초로 나를 정결케 하소서 내가 정하리이다 나의 죄를 씻어 주소서 내가 눈보다 희리이다 시 51:5-7.

다윗이 자기 죄를 자기가 잉태된 시간까지 찾아 내려갔을 때, 그는 자기의 죄에 대한 구실을 만들어 내려 하지 않았습니다. 오히려 이렇게 함으로써 자기의 어린 시절부터 자기는 영원한 죽음을 물려받아야 할 사람임을 인정하고… 자기의 온 생애가 정죄를 받아야 할 악한 것이라고 말했습니다.[20] '중심'에 해당하는 히브리어 '투하(טחה)'는 원래 '신장'을 의미합니다. 고대 중근

동사람들이 보기에 '신장'은 '감정의 좌소'였습니다.21)

신자는 삶의 여정 동안 감정의 지배를 받을 것인지, 영의 지배를 받을 것인지를 선택해야 합니다. 감정의 지배를 받으면서 평생 지치고 힘들어하는 무게와 영의 지배를 받기 위해 고치고 다듬으며 부르심을 감당하는 삶의 무게는 같습니다. 그러나 결과는 엄청난 차이가 납니다.

감정의 지배를 받는 사람은 평생 지치고 힘든 삶을 살아야 하지만, 고치고 다듬은 사람은 자신을 향한 하나님의 부르심을 감당하는 사람이 됩니다. 그리고 하나님 앞에서 영원한 영광과 상급을 받습니다. 하나님 앞에서 받을 영원한 영광과 상급을 결정하는 시작은 사람이 자기 혼을 어떻게 하느냐에 달렸다고 봐야 합니다.

어느 것을 선택해야 하겠습니까? 자녀에게는 무엇을 유산으로 물려줘야 하겠습니까? 영원을 위해 어떤 것을 선택하는 것이 지혜이겠습니까?

자아의 문제에서 자유로운 사람은 없습니다. 믿음을 가진 사람일수록 더욱 자신을 살피고 자아를 정결케 하는 일에 자신을 내어주어야 합니다. 주님은 분명히 말씀하셨습니다.

살리는 것은 영이니 육(사륵스, $\sigma\grave{\alpha}\rho\xi$)은 무익하니라 요 6:63.

여기서 말씀하시는 육은 육체가 아니라 영과 대립하는 부패한 인간성을 말합니다.22) 인간성을 결정하는 것은 혼입니다. 감정과 지성과 의지가 몸 밖으로 표출되어 눈에 보이는 것이 '사람 됨됨이'입니다. '사람 됨됨이'를 결정하는 것은 사람의 혼, 즉 자아입니다.

메마른 광야에서 자란 싯딤나무가 조각 조각난 후 다시 붙여져서 성막의 도구가 되는 것처럼, 자아는 깨어지고 부서진 후 다시 세워져야 합니다. 자연 상태의 싯딤나무는 아궁이에 던져질 뿐입니다.

감정과 삶

주님의 신부인 우리는 단장하고 주님께 나아갈 수 있어야 합니다. 단장하고 하나님의 성, 성소까지 들어가는 것은 신부의 몫입니다. 주님은 이미 그곳에서 보좌로 향하는 문을 열고 기다리십니다.

만일 그곳으로 들어가지 못한다면 문제는 육(사륵스, σὰρξ)을 죽이지 못한 우리에게 있습니다. 우리의 육은 성소에 들어갈 수 없습니다. 성전 뜰에서 죽어야 하고 씻겨야 하고 부서지고 빻아져야 합니다. 육은 하나님과 원수입니다. 육이 살아있다면 그는 재물에 집착하거나, 명예에 집착하거나, 권세에 집착하는 자기 욕망의 포로로 살아가게 될 뿐입니다.

감정은 혼의 삼형제 중 맏이로서 가장 먼저 활동을 시작하며, 지성과 의지를 철저히 지배합니다. 감정을 주관하는 편도체는 수정체가 착상 후 4개월이면 어머니 자궁에서부터 본격적으로 활동하기 시작합니다. 이때부터 태아는 어머니의 자궁에서 어머니의 감정을 느끼고 반응합니다. 반면 지성을 관장하는 해마체는 출생 후 2년이 되어야 비로소 제대로 성장하여 활동합니다. 그래서 갓 태어난 아이는 배고픈 자기감정에 충실할 뿐 어머니의 상황을 고려하지 못합니다. 그러나 출생 후 2년쯤 되면 어머니의 상황을 생각하고 기다릴 줄 알게 됩니다.

감정은 혼의 삼형제 중 맏이이고 우두머리이며 절대 타협을 모르는 고집쟁이입니다. 철저히 자기중심적이며 모든 상황을 자신에게 유리하도록 해석하고 필요하면 언제든 거짓을 만들고 왜곡합니다. 이런 감정에 새겨진 죄와 상처는 감정이 깨어지고 부서지기 전에는 지워지는 법이 없습니다.

자연 상태의 모든 사람은 어머니의 자궁에 있을 때부터 부모의 감정이 그대로 이입됩니다. 그리고 감정의 지배를 받습니다. 마치 롤러코스터와 같아서 끓는 물처럼 뜨거웠다가 순식간에 얼음처럼 차가워집니다. 야곱의 12아들 중에서 성경에 행적이 기록된 아들들을 보면 어머니의 감정이입이 자녀의 삶에 어떤 영향을 끼쳤는지를 알게 됩니다.

첫째 아들 르우벤은 탁월했지만 탁월하지 못한 자가 되었습니다.

탁월했던 르우벤은 지성도 의지도 문제가 없었습니다. 르우벤은 동생 요셉을 살리려고 동생들을 설득하고 꾀를 썼습니다. 또 자신이 없는 틈에 동생들이 요셉을 미디안 장사꾼들에게 판 것을 확인한 후에는 옷을 찢으며 한탄했습니다. 상황을 판단할 지성을 소유하고 있었습니다. 양식을 구하기 위해 애굽을 다시 방문해야 할 때는 베냐민을 보낼 수 없다는 아버지 야곱을 설득하며 자기의 뜻을 굽히지 않는 의지를 보여 주었습니다.

> 그를 내 손에 맡기소서 내가 그를 아버지께로 데리고 돌아오리이다 창 42:37.

이처럼 르우벤은 상황을 판단할 지성과 확고한 의지가 있는 사람이었습니다. 그런 그가 감정을 이기지 못하고 저지른 간통이 그의 발목을 잡고 말았습니다.

> 르우벤아 너는 내 장자요 나의 능력이요 나의 기력의 시작이라 위광이 초등하고 권능이 탁월하도다마는 물의 끓음 같았은즉 너는 탁월치 못하리니 네가 아비의 침상에 올라 더럽혔음이로다 그가 내 침상에 올랐었도다 창 49:3-4.

야곱은 아들 르우벤에 대하여 "물의 끓음"같다고 했습니다. 감정에 충실한 사람이라는 뜻입니다. 사실 르우벤이 감정에 충실하다는 것은 그가 출생할 때에 이미 예고되어 있었습니다. 어머니 레아는 르우벤을 낳고 "여호와께서 나의 괴로움을 권고하셨으니 창 29:32"라고 했습니다.

레아에게 있어서 르우벤은 그저 사랑하는 아들이 아니라 자신의 괴로운 감정을 달래는 도구였습니다. 레아 안에 있던 괴로운 감정은 르우벤이 출산할 때까지 그대로 아이에게 이입되었습니다. 르우벤은 태어나기도 전에 이미 감정의 포로가 되었고, 괴로운 감정의 지배를 받고 있었습니다.

둘째 아들 시므온은 냉철하고 잔인한 자가 되었습니다.

하나뿐인 여동생 디나가 히위 족속의 추장 세겜에게 강간당했습니다. 야곱의 아들들은 히위 족속과의 혼인 조건으로 히위 족속의 모든 남자가 할례를 받을 것을 요구했고, 히위 족속의 모든 남자는 할례를 시행했습니다. 그런데 제 3일째 되는 날, 시므온과 레위는 성에 있던 모든 히위 족속의 남자를 죽였습니다. 이 일의 주동자는 시므온이었습니다.

냉철하고 잔인한 시므온은 애굽으로 양식을 사러 갔다가 요셉에게 결박되어 감옥에 갇혔습니다. 요셉이 현장에 있던 10명의 형들과 얘기하다가 갑자기 시므온을 결박했던 것입니다. 그리고는 형제들이 두 번째 방문하였을 때 풀어 주었습니다. 바로 시므온의 냉철함과 잔인함을 고치기 위함이었습니다.

요셉이 도단에서 형들에게 잡혀 물 없는 구덩이에 떨어졌을 때, 갑자기 유다는 요셉을 죽이지 말고 이스마엘 사람들에게 팔자고 제안했습니다. 형제들은 이 말을 들었고 요셉은 애굽으로 팔려 갔습니다. 이것은 요셉을 살리려는 유다의 책략이었습니다. 반대로 동생 요셉을 죽이려 했던 사람은 둘째 아들 시므온일 확률이 아주 높습니다. 첫째 아들 르우벤은 요셉을 구원하려 했고, 또 요셉이 팔리고 난 뒤 돌아와서는 요셉이 없어진 사실을 알고 옷을 찢은 것을 보면 르우벤은 요셉을 죽일 생각이 없었습니다.

반면 시므온은 냉철하고 잔인해서 아버지 야곱은 그에 대하여 "분노대로 사람을 죽이는 자"라고 했습니다. 또 "노여움이 혹독하고 분기가 맹렬한 아들이어서 저주를 받을 것"이라 했습니다. 얼마나 냉철하고 잔인했으면 아버지가 마지막 순간에 이런 말을 하였겠습니까?

　시므온이 감정에 충실하다는 것은 르우벤과 마찬가지로 출생할 때에 이미 예고되어 있었습니다. 어머니 레아는 시므온을 낳고 "여호와께서 내가 사랑받지 못함을 들으셨으므로 창 29:33"라고 했습니다. 레아에게 있어서 시므온은 그저 사랑하는 아들이 아니라 자신이 사랑받지 못한 감정, 자신의 미움 받는 현실을 달래는 도구였습니다.

　레아 안에 있던 사랑받지 못한다는 감정은 시므온이 출산할 때까지 그대로 아이에게 이입되었습니다. 시므온은 태어나기도 전에 이미 감정의 포로가 되었고, 사랑받지 못하는 감정의 지배를 받고 있었습니다.

　사람은 누구나 종잡을 수 없는 난폭한 감정의 시배를 받을 때가 있습니다. 자신이 알지 못하는 사이에 이미 자기 안에 형성되어 있습니다. 감정의 지배를 받으면 주변 상황에 따라 쉽게 뜨거웠다가 쉽게 차가워지는 종잡을 수 없는 사람이 됩니다. 어떤 결정에 있어서 객관적이지 않고 주관적으로 이웃을 피곤하게 합니다. 이웃이 자신의 기분에 따라 주지 않으면 잘못된 사람으로 취급합니다. 그리고 자신은 순간순간을 살아가는 철면피가 됩니다.

　반면 셋째 아들 레위와 넷째 아들 유다에게는 전혀 다른 모양의 감정이 이입되었습니다.

셋째 아들 레위 역시 냉철하고 잔인한 자였지만 변화가 일어났습니다.

레아는 레위를 낳은 후 "내 남편이 지금부터 나와 연합하리로다 창 29:33."라고 했습니다. 레아가 달라졌습니다. 르우벤과 시므온에게 괴로움이나 사랑받지 못한 감정을 이입했다면, 레위에게는 '지금부터'라는 말로써 미래적인 소망을 이입했습니다.

한때 레위는 형 시므온과 함께 여동생 디나의 일로 히위 족속의 모든 남자를 살육하는 일에 동참했습니다. 아버지로부터 "분노대로 사람을 죽이는 자"라는 말도 들었습니다. "노여움이 혹독하고 분기가 맹렬한 아들이어서 저주를 받을 것"이라는 유언도 들었습니다. 그러나 레위에게는 '지금부터'라는 다가올 순간이 남아 있었습니다.

애굽에서 학대받던 이스라엘을 하나님의 선민으로 회복하는 일을 위해 준비된 사람 모세가 레위의 후손입니다. 백성을 대신해서 하나님께로 나아간 대제사장 아론이 레위의 후손입니다. 레위는 레아의 말처럼 '연합'을 위하여 존재하는 사람이었습니다. 하나님과 사람의 연합보다 더 중요한 연합이 어디에 있겠습니까?

이스라엘이 싯딤에 머물 때 백성이 모압 여자들과 음행을 하고 그들의 신들에게 절하는 사건이 일어났습니다. 싯딤은 싯딤나무의 자생지입니다. 하나님의 성막 도구를 만드는 재료였습니다. 광야에서 볼 수 있는 거의 유일한 나무입니다. 눈에 잘 보이지는 않지만 가시도 있습니다. 섭씨 50°가 넘는 폭염을 견디며, 그 뿌리는 나무 크기의 10배까지 자랍니다. 아주 깊고 넓게 뿌리를 뻗어 수분과 영양분을 빨아들입니다.

자아를 통해 나타나는 것은 이미 오랫동안 숨겨져 있던 것들입니다. 대를 이어 가계를 타고 흘러 내려온 것들입니다. 쉽게 정체를 드러내지 않을 뿐만 아니라 쉽게 뿌리를 뽑을 수도 없습니다. 또 가시가 있어서 마음대로 만질 수도 없습니다. 하나님은 이런 싯딤나무를 잘라 성막의 도구를 만들라고 하셨습니다. 나무를 조각내고 다시 붙여서 법궤와 기둥과 널판과 채와 띠와 상들을 만들라고 하셨습니다. 우리가 오랫동안 숨겨놓은 자아의 문제를 해결하고 하나님의 도구가 되려면 가장 먼저 자신의 자아를 조각내고 깨뜨려야 합니다.

믿음을 가진 사람이라고 해서 자아의 문제가 저절로 사라지거나 해결되는 것은 아닙니다. 스스로 찾아내고 인정하고 깨뜨리고 부수어야 합니다. 하나님은 바로 그를 붙들어 사용하십니다.

바로 이 싯딤에서 이스라엘 속에 숨겨져 있던 모든 사람이 가진 악이 드러났습니다. 백성들이 모압 여자들과 음행을 하고, 모압인들이 섬기는 그모스에게 절했습니다. 이때 하나님은 백성의 두령들을 잡아 태양을 향해 목을 매어 달라고 하셨습니다. 이런 급박한 상황에서 미디안 여인을 데리고 거침없이 나타난 사람이 있었습니다. 시므온 지파의 족장 시므이였습니다. 사랑받지 못하는 감정의 포로였던 시므온의 후손이었습니다. 이것을 본 레위의 후손 비느하스가 창으로 그 남녀의 배를 꿰뚫어 죽였습니다. 이때 하나님은 모세에게 말씀하셨습니다.

> 제사장 아론의 손자 엘르아살의 아들 비느하스가 내 질투심으로 질투하여 이스라엘 자손 중에서 내 노를 돌이켜서 내 질투심으로 그들을 소멸하지 않게 하였도다 민 25:11.

하나님은 비느하스에게 평화의 언약을 주셨고, 그 언약은 영원한 제사장 직분의 언약이라고 하셨습니다. 영원한 제사장 직분이라는 말씀을 숙고해 보면 이스라엘 백성이 영원히 하나님의 백성으로 존재한다는 뜻입니다. 다시 말해 레위의 후손은 하나님과 이스라엘의 영원한 연합을 이루는 도구였습니다.

레아는 여전히 동생 라헬과 경쟁하고, 남편 야곱의 사랑을 제대로 받지 못하는 상황이었지만 레위에게는 자기의 아픈 감정을 이입하지 않고 '지금부터'라는 말로써 장래의 소망을 이입시켰기 때문이었습니다.

넷째 아들 유다는 형제들의 찬송이 되었습니다.

레아는 유다를 낳은 후 "내가 이제는 여호와를 찬송하리로다 창 29:34."라고 했습니다. 르우벤과 시므온에게 괴로움이나 사랑받지 못한 감정을 이입하고, 레위에게는 '지금부터'라는 미래적인 소망을 이입했다면 유다에게는 '이제는'이라는 말로써 현재의 소망을 이입했습니다. 유다는 아버지로부터 "네 형제의 찬송이 될지라."는 유언과 함께 유다의 혈통으로 오실 메시야에 대한 축복까지 받았습니다. 그리고 축복은 실재가 되었습니다.

감정은 지나간 모든 기억의 벽돌을 차곡차곡 쌓아놓은 것 같은 견고한 성벽입니다. 우리는 좋은 기억들보다는 좋지 않은 기억들을 기억의 저장소에 보관해 두고 있습니다. 그리고 과거의 기억 속에서 미래를 꿈꾸며 현재를 살아갑니다. 동시에 자기 상처의 노예로 살아갑니다. 과거의 기억에서 자유로운 사람은 없습니다. 문제는 사람이 의식하지 못하는 기억이 의식하는 기억보다 더 많다는 것에 있습니다.

죄의 문제는 몸의 문제이기 이전에 몸을 주장하는 혼의 문제입니다. 혼은 몸 안에 자신을 두고 있습니다. 몸으로 나타난 사람 됨됨이는 바로 혼의 활동입니다. 사람은 혼의 활동을 통해 사물의 이치를 깨닫고 상황을 판단하고 대처합니다. 지식을 습득하고 더 차원 높은 원리를 추구하고 추진합니다. 그러나 이 모든 일은 감정의 동요에 따라 달라집니다.

하나님의 은혜 가운데 백성을 해방시키고 홍해를 가르고 광야를 안전히 지나게 하고 만나를 먹인 일에 쓰임 받은 사람이 모세입니다. 그는 최고의 선지자였습니다. 200만이 넘는 사람을 안전하게 인도했습니다. 아말렉과의 전쟁 때 외에는 한 사람도 잃어버린 사람이 없었고 굶어 죽은 사람도 없었습니다. 또 감히 하나님을 대면한 자였습니다. 그런 모세가 넘어지는 사건이 있었습니다.

> 그들이 또 므리바 물에서 여호와를 노하시게 하였으므로 그들 때문에 재난이 모세에게 이르렀나니 이는 그들이 그의 뜻을 거역함으로 말미암아 모세가 그의 입술로 망령되이 말하였음이로다 시 106:32-33.

모세에게 재난이 닥친 것은 모세가 망령된 말을 했기 때문입니다. 모세가 입술로 망령된 말을 한 것은 분노라는 모세의 감정의 문제였습니다.

감정은 만족을 모르는 폭군과 같아서 이성과 의지 위에 군림하여 조종할 뿐 타협할 줄을 모릅니다. 그리고 말과 행동으로 자기를 나타냅니다.

이런 감정의 문제가 처리되지 않고서 승리할 수 없는 것이 신앙입니다. 반대로 감정의 문제가 처리되면 그에게서 성화의 모습을 보게 됩니다.

성화는 새로워진 지·정·의를 통해 이루어집니다. 성화는 지성과 의지가 순수하게 감정에 복종하고, 감정은 영에 복종할 때 나타납니다. 하나님께서 새롭게 하신다는 말씀은 간단한 리모델링이 아닙니다. 완전히 무너뜨린 후 다시 세우는 것입니다. 돌 하나도 돌 위에 남지 않게 다 무너뜨리는 것은 비단 지나간 역사 속의 예루살렘성일 뿐만 아니라 우리 안에 세워진 견고한 진입니다. 이것이 바로 혼, 자아입니다.

사람의 모든 지체는 감정의 만족을 위해 살아갑니다. 기쁨과 행복을 위해 일을 하고 음식을 섭취합니다. 이웃을 만나거나 여행을 하는 것도 기쁨과 행복을 위함입니다. 몸의 모든 감각도 감정을 만족시키기 위해 활동합니다. 행복감, 포만감, 승차감, 우월감, 자존감, 거절감. 모두 느낌이라는 감정의 만족도입니다. 사람은 모두 감정에 속박된 종입니다. 감정에 매여 있는 한 하나님을 완전한 주인으로 모실 수 없습니다.

감정 - 이기심

사람은 하나님께 나아갈 때 자기의 아픔과 눈물을 통해 하나님의 마음을 움직이려 합니다. 기뻐서 울고 즐거워서 울고 마음이 아파서 우는 것이 아니라 하나님의 마음을 조종하려고 울 때가 있습니다.

감정은 때로는 교묘하고, 때로는 잔인하며, 일률적이지도 않아서 수시로 변합니다. 자신의 처지를 거짓으로 포장하거나, 자기연민에 민감해서 하나님 앞에서 조울증 환자가 되기도 하고, 때로는 자기 고집에 빠져 자폐증 환자가 되기도 합니다. 이처럼 감정은 온갖 미스터리로 가득합니다.

감정이 처리되지 않으면 밤낮 기도하는 시간이 많아도 하나님과 관계없는 사람이 됩니다. 오직 자신을 동정하는 것이 기도의 목적이기 때문입니다. 공회에서 기도하는 것도 소용이 없습니다. 이웃의 관심을 받는 것이 목적이기 때문입니다. 이처럼 감정의 핵심은 이기심입니다. 그런데 이기심을 다 채우고 나면 어느 순간 이기심이 교만의 포장지였다는 것을 알게 됩니다.

감정은 자기 현실을 보지 않습니다. 자기 현실을 보지 않으니 자기 장래도 보이지 않습니다. 더불어 이웃의 현실도 보이지 않습니다. 이웃의 현실이 보이지 않으니 그를 위해 기도할 수도 없습니다. 숨겨져 있던 죄와 상처, 붙잡고 있던 자기 의와 탐욕에 갇혀 속절없이 끙끙거릴 뿐입니다. 그러므로 감정의 문제가 처리될 때 비로소 교만은 무너집니다.

하나님의 자리를 차지하고 싶었던 사탄의 교만이 바로 사람의 감정 안에 자리를 틀고 있습니다. 그럼에도 하나님은 감정에 사로잡힌 사람을 구덩이에서 끌어 올리셔서 보좌 앞에 세우길 원하십니다.

기록된 말씀은 믿지 않는 이방인들에게 하신 말씀이 아니라 지금 믿는 우리에게 하신 말씀입니다. "판단하지 말라!"는 말씀은 우리가 누군가를 판단하고 있기 때문입니다. "미워하지 말라!"는 말씀은 우리가 누군가를 미워하고 있기 때문입니다. "간음하지 말라!"는 말씀은 우리가 간음하고 있기 때문입니다. 하나님의 모든 말씀은 우리의 현재 상태에 대한 정확한 진단입니다. 이 진단을 그대로 수용할 때 변화를 시도할 수 있습니다.

예컨대 사울은 감정적인 사람입니다. 순간순간 자기감정에 굉장히 충실했습니다. 그는 백성이 전쟁에서 승리하고 돌아온 다윗을 자신보다 더 높인다는 이유로 분노했고, 찬양하는 다윗을 향하여 창을 던졌습니다. 그러면서 하나님께서 다윗과 함께하심을 깨닫고 다윗을 두려워했습니다. 또 아들 요나단이 다윗을 편든다는 이유로 아들에게 분노하며 "패역 부도한 계집의 소생"이라고 저주했습니다. 이처럼 순간순간 요동치는 감정을 가지고는 언제나 동일하신 하나님 앞에서 설 수 없습니다.

우리는 자신에 대해 변화의 필요성을 갖지 못할 때가 많습니다. 그러나 정작 타인에 대해서는 분노하며 매 순간 변화를 요구합니다. 사실 예수님 안에 있는 우리에게 변화와 성숙은 필수입니다. 1순위 대상자는 바로 우리 자신입니다. 선택으로 착각하는 오류를 범하지 않아야 합니다.

깨어짐의 의미

믿음과 소망과 사랑은 행위로 증명됩니다. 증명할 수 없는 것은 모두 가짜입니다. 하나님은 우리를 향한 자신의 마음을 행위로 증명하셨습니다. 아들 예수를 이 땅에 보내셔서 철저히 낮추셨고 물과 피를 다 쏟기까지 깨뜨리셨습니다.

우리도 하나님을 향한 마음을 행위로 증명해야 합니다. 그런데 우리의 마음은 너무나 타락하고 오염되어 있습니다. 이런 마음을 새롭게 하려면 전능하신 하나님 앞에서 자기가 할 수 있는 것이 아무것도 없다는 것을 깨닫기까지 낮아져야 합니다. 지금까지 붙잡고 살아왔던 모든 고정관념과 사고방식과 익숙한 모든 것을 깨뜨려야 합니다. 붙잡고 있는 욕망도 내려놓아야 합니다.

그리고 영을 하나님의 지배 아래 두어야 합니다. 혼을 하나님이 다스리시는 영의 지배 아래 두어야 합니다. 죽으면 죽으리라는 각오는 하나님 앞에 나아가는 혼의 자세여야 하기 때문입니다.

이때 비로소 감정에 숨겨져 있던 죄와 상처, 붙잡고 있던 자기 의와 탐욕과 같은 것들이 무너지고, 대신 하나님의 정결함과 거룩함, 친밀함과 풍성함 안으로 들어갈 수 있습니다.

많은 사람이 신앙의 여정에서 멈추거나 돌아섭니다. 하나님께로 나아가는 길을 오해하거나 너무 쉽게 생각했기 때문입니다. 그 길은 사람이 생각하고 만든 길이 아니어서 자기 편리대로 고칠 수 있는 길이 아닙니다. 새로운 길이어서 새로운 사람만이 갈 수 있고, 옛 사람은 갈 수 없는 길입니다. 하나님은 옛 사람의 껍질을 깨뜨리시고 새 사람을 만드신 후 그 길로 인도하십니다.

애굽의 노예 생활에 길들여진 사람이 아니라, 그때에는 이스라엘 속에 작은 자로, 또 씨앗이었지만 광야에서 태어나서 자란 자들로 가나안을 정복하게 하셨습니다. 이들이 바로 새 사람입니다.

옛 사람은 하나님 앞에 설 수 없습니다. 하나님의 목적에 복종할 줄 모르고, 또 생각하는 모든 것이 악하기 때문입니다. 그래서 육신으로 오신 예수님이 하나님과 사람 사이에 서서 죄에 대한 하나님의 진노를 막으셨습니다. 죄 가운데 있는 이들을 하나님의 진노로부터 보호하셨습니다. 그러나 이제 떡이 되기 위해 빻아지고 기름이 되기 위해 빻아지고, 향이 되기 위해 빻아지면서 자기의 형체를 잃었을 때 떡상과 등잔과 향단에 올라갈 수 있습니다. 예수님이 자신의 몸을 열어놓으신 하나님께로 향하는 문 앞에 서게 됩니다. 떡이 되고 기름이 되고 향이 되기 위해서는 모든 껍질이 벗겨진 후 어떤 것도 숨지 못하도록 깨어지고 부서져야만 합니다.

우리 몸은 성막 뜰에 해당합니다. 혼은 성소와 물두멍과 번제단에 해당합니다. 영은 지성소에 해당합니다. 하나님은 영에 임하시고, 영은 혼을 다스리며, 혼은 몸과 동역합니다. 이 순서가 정확하게 질서를 갖추고 체계가 잡힐 때, 비로소 삶에서 하나님의 일이 시작됩니다.

혼이 영의 다스림에 복종하기 전에는 결코 하나님께 복종할 수 없습니다. "하나님! 저의 자아를 죽여주십시오." 소원을 위해 기도하는 주체가 혼이기 때문입니다. 자신이 원하는 방식으로, 자신이 원하는 것을 이미 생각하고 기도하는 것, 그것은 자기 의일뿐 결코 죽으려는 자세가 아닙니다.

떡 상

성소에 들어가면 오른편 북쪽면 가운데 떡상이 놓여 있습니다. 여호와 앞에 순결한 상으로써 조각목으로 만들고 정금으로 쌌습니다. 좌우 길이 91.2cm, 너비 45.6cm, 높이 68.4cm로 언약궤 크기와 동일합니다.

제사장들은 고핫 자손들이 구운 12개의 떡을 안식일마다 떡상에 올렸습니다. 지난 안식일에 올렸던 떡은 제사장들이 거룩한 곳에서 찢어서 먹었습니다.

곡식을 빻아 고운 가루로 만든 후 뜨거운 화덕에 구워 떡상에 올려진 떡을 진설병이라 합니다. '진설병'의 뜻은 '(하나님) 면전의 떡' 입니다. 떡 하나의 크기는 '에바 10분의 2' 입니다. 오늘날 4.6리터에 해당합니다. 12개의 떡은 12지파를 상징합니다.

'(하나님) 면전' 이라는 말은 우리에게 경외감과 함께 두려움을 줍니다. 요나는 하루의 외침으로 니느웨 성을 전부 회개시킨 사람입니다. 말씀의 놀라운 능력을 가진 선지자입니다. 그토록 능력 있는 선지자도 하나님의 얼굴을 피하여 다시스로 가려고 했습니다. 요나에게도 악이 있었기 때문입니다. 악은 하나님의 얼굴 앞에서 정체가 드러납니다. 동시에 견디지 못하고 도망합니다. 문제는 자신만 도망하는 것이 아니라 지금까지 거처로 삼고 있던 사람을 끌고 나가려는데 있습니다.

   요나 안에 숨어있던 최고의 악은 자기 의였습니다. 사람의 의는 자기를 사랑하고 세상을 정죄합니다. 자신의 분수를 넘어서 하나님과 어깨를 나란히 하려고 합니다. 사람이 자기 의를 붙잡고 있다면 하나님의 임재가 있는 곳은 평안이 아니라 최악의 고통을 경험하는 장소가 됩니다. 그래서 사람이 만일 악을 가지고 있다면 하나님께로 가까이 나아가는 것을 스스로 거부할 것입니다.

자기 의 - 우상

성소 안에 있는 '(하나님) 면전의 상'에 올라가는 제물은 소나 양, 염소나 비둘기가 아닙니다. 고운 가루를 반죽해서 구운 떡입니다. 껍질이 벗겨지고 속살이 깨어지고 부서진 고운 가루로 만들었습니다. 원래의 자연적 형체는 하나도 남아 있지 않습니다.

알곡을 맺었다고 해서 끝이 아닙니다. 알곡은 고운 가루가 되기 위해 타작마당의 도리깨로 맞고 방아에 빻아지고 맷돌에 갈리어집니다. 도리깨를 피하여 도망가면 아궁이에 던져집니다. 방아를 피하거나 맷돌을 피하여 도망하면 짐승의 먹이가 됩니다. 알곡은 도리깨와 방아와 맷돌을 통과한 후 반죽이 되고 불에 구워져서 주인의 상에 올라갑니다. 가라지는 맞지도 않고 빻아지지도 않고 갈리지도 않습니다. 가라지를 맷돌에 넣고 돌리는 주인은 없습니다. 가라지는 방아와 맷돌 속으로 들어가지 않아도 됩니다.

맷돌은 여러 형태가 있지만, 기본 구조는 비슷합니다. 아래쪽의 숫맷돌과 위쪽의 암맷돌, 그리고 매손으로 되어 있습니다. 비유하자면 아래쪽의 숫맷돌은 변함없는 하나님의 말씀입니다. 위쪽의 암맷돌은 사람에게 닥쳐오는 폭풍같은 환경입니다. 때로는 할 수 있는 것이 아무것도 없는 물 없는 구덩이 같은 현실입니다. 그리고 매손을 돌리며 사람을 맷돌 안으로 집어넣으시는 분은 하나님이십니다. 사람은 말씀과 환경이라는 맷돌 안에서 부서지고 갈리어집니다. 오래 머물수록 더 고운 가루가 됩니다.

하나님은 우리가 자아라는 껍질을 벗을 뿐만 아니라 스스로 어떤 형태, 어떤 자기 의도 가지지 못하도록 철저히 가루가 되게 하십니다. 가루가 되었을 때 숨어있는 작은 불순물이 드러나기 때문입니다. 불순물이 제거된 고운 가루가 다른 가루와 한 덩이가 된 후 불에 구워져서 놓인 곳, 그곳이 바로 성소의 떡상입니다.

하나님은 백성의 의가 제물이 되어 떡상에 놓인 진설병이 되기를 원하십니다. 하나님은 자기 백성을 깨뜨리시기 위해 때로 막다른 골목을 허용하시며, 스스로 할 수 있는 것이 아무것도 없는 한계상황에 놓이게 하십니다. 마치 맷돌 속에 떨어진 씨앗이 그 안에서 부서지고 갈리어지는 것과 같은 거친 들로 내모십니다.

알곡은 사람이 이룬 의를 상징합니다. 사람의 의는 이웃을 판단하는 기준이 되고, 자신과 이웃을 분리시키며, 기도 자리에서 감히 고개를 쳐들게 합니다. 사람의 의는 하나님의 생각보다 자기의 생각을 관철하려고 합니다. 우리는 어떤 자기 의도 더러운 걸레보다 더 가치 없다는 사실을, 또는 어떤 자기 명성도 양의 배설물보다 더 낫지 않는다는 사실을 똑바로 알아야 합니다.[23] 사람이 자기 의를 붙잡고 있다면 하나님의 보좌 앞은 그에게 최악의 고통이 될 것이기 때문입니다.

우리는 더러운 걸레보다 못한 자기 의를 들고 하나님 앞에 나아가려 합니다. 자기 의를 자랑하고 하나님의 인정을 받으려 합니다.

그러나 우리의 의는 하나님의 의와는 비교조차 되지 않습니다. 하나님의 의는 지극히 완전한 의이고, 우리의 의는 지극히 불완전하고 무가치한 의이기 때문입니다.

> 네 공의를 내가 보이리라 네가 행한 일이 네게 무익하니라
> 사 57:12.

사실 우리는 스스로 판단한 죄를 하나님 앞에 고백합니다. 누가 보더라도 죄라고 판단할 수밖에 없는 것들을 내어놓습니다. 그러나 죄에 대한 하나님의 기준은 완벽합니다. 사람의 기준과는 비교할 수 없습니다. 죄에 대한 하나님의 거름망은 지극히 촘촘합니다. 어떤 작은 죄도 빠져나갈 수 없습니다.

바리새인이 자기의 의에 걸려 하나님 가까이 나아가지 못했던 것처럼, 사람의 의가 그의 발목을 잡을 때가 많습니다. 이스라엘이 가지고 있던 선민사상은 히브리 신앙의 모퉁이 돌입니다. 그런데 그들은 그 속에서 자신들을 향한 하나님의 긍휼을 본 것이 아니라 자기들의 의를 보았습니다. 선민이기에 특권이 있다거나 면책이 있는 것이 아니라, 다른 민족보다 더 엄격한 삶을 요구한다는 사실을 놓쳤습니다. 이스라엘이 의를 가지고 있어서 하나님의 인정이 있었던 것이 아니었습니다. 그런데도 그들은 자기 의를 붙잡고 있었습니다. 하나님은 그 '모든 것을 깨뜨리고 부서뜨리고 빻아라!'고 하신 것입니다.

우리가 하나님 앞에서 반드시 빻아야 할 것은 스스로 자랑하는

자기 의입니다. 사람의 의는 하나님 앞에서 우상이 되기 때문입니다.

어느 날 사역에 자신감이 붙고 '이제 되었다.'고 생각할 즈음 주님께서 속삭이듯 조용하게 말씀하셨습니다.

"너의 의가 너의 우상이 되지 않도록 하여라!"

말씀을 듣는 순간 '아차' 싶었습니다. 저의 의를 용납하지 않으시고 바로 돌아보게 하신 하나님께 감사했습니다. 겸손과 순종의 긴장을 놓치는 순간 우리는 모두 자기 의에 빠질 수 있습니다.

예배를 종교의식으로 생각하는 것도 사람의 의가 됩니다. '시간을 내어 예배하고 헌금하고 봉사했으니 다 했다.' 라고 생각하는 순간, 예배는 하나의 의식이 되고 하나님의 영광은 사라집니다.
예배를 영적 전쟁이라고 하는 것은 하나님의 영과 사탄이 싸운다는 뜻입니다. 어디에서 싸우겠습니까? 바로 하나님의 처소가 되는 우리 안에서 싸웁니다. 만약 우리가 죄 씻음을 받고 죄를 지을 가능성까지 사라질 정도로 깨어진다면 사탄은 우리를 건드릴 수 없습니다. 사탄이 우리 안에 머물 근거가 사라지고 없기 때문입니다.

하나님은 사람의 죄성까지 없애기 위해 깨뜨리고 빻으십니다. 부르심이 클수록 그 과정은 더 길어집니다. 사람이 땅에 태어날 때를 정하신 분이 하나님이시고, 태어날 장소를 정하신 분도 하나님이십니다. 부르심이 없는 사람은 없습니다. 공중의 새 한 마리도 하나님의 권위 아래 있고, 들꽃 한 송이도 하나님의 허락 아래에 있습니다. 땅의 풀 한 포기도 자기 역할이 있듯이 땅에 태어난 사람은 저마다 사명을 가지고 있습니다.

> 인류의 모든 족속을 한 혈통으로 만드사 온 땅에 살게 하시고 그들의 연대를 정하시며 거주의 경계를 한정하셨으니
> 행 17:27.

그러나 우리는 땅에 오는 순간 아담으로부터 유전된 죄를 안고 태어났습니다. 하나님은 이 죄를 씻기시고 죄성을 없애기 원하십니다. 하나님은 죄가 적은 자를 사용하지 않으시고, 죄 많은 자를 변화시켜 사용하십니다. 믿음의 선진들은 죄 없는 사람이 아니라 변화된 사람들입니다. 결과적으로 보면 죄가 크고 많은 사람일수록 더 크게 쓰임 받았습니다.

사탄은 우리의 부르심을 알고 있습니다. 부르심이 클수록 더 큰 죄의 수렁으로 몰아넣고 실패자로 만들려 합니다. 그러나 하나님은 우리가 하나님을 향하여 항복할 때 수렁에서 끌어올리셔서 말씀과 환경이라는 맷돌 속에 넣으십니다. 그리고 그 안에서 깨어진 자를 들어 사탄을 깨뜨리는 도구로 사용하십니다.

부숴진 알곡

껍질이 부드러운 알곡은 없습니다. 껍질이 단단하기에 알곡이 맺혀지고 보존됩니다. 그러나 껍질은 때가 되면 깨어지고 부서져야 합니다. 태아에게 가장 안전한 곳은 어머니의 자궁이지만, 때가 되면 자궁을 열고 산도를 통과해야 합니다. 때를 놓치면 가장 안전했던 곳이 오히려 가장 위험한 곳이 됩니다. 그곳이 편안해서 더 머문다면 태아와 산모는 둘 다 위험해집니다. 마찬가지로 알곡도 때가 되면 껍질을 깨고 나와야만 합니다.

우리가 완전해서 하나님이 내주하시는 것이 아닙니다. 거룩해서 성전 삼으신 것도 아닙니다. 완전하신 하나님께서 완전케 하시려고 내주하셨습니다. 거룩하신 성령께서 거룩하게 하시려고 성전 삼으셨습니다. 우리의 현 상태는 불완전에서 완전으로, 죄에서 거룩으로 변화되어 가는 과정입니다.

사랑으로 행할 때 사랑의 하나님을 닮고, 긍휼을 베풀 때 긍휼의 하나님을 닮습니다. 하나님은 우리가 사랑을 구하고 긍휼을 구하기보다 먼저 사랑하고 긍휼을 베풀기를 원하십니다.

예수님은 자신이 온유하고 겸손하다고 하시면서 자신의 멍에를 메고 배우라고 하셨습니다. 우리는 깨어진 자로서 온유한 사람으로 변화하고 성장해야 합니다. 온유함이라는 말은 '괴롭히다, 압제하다'라는 말에서 파생한 말입니다. 환경의 영향으로 자아가 부서진 상태입니다. 철저히 신뢰하면서 완전히 복종할 수 있는 상태가 바로 온유함입니다.24) 처음부터 끝까지 변함없는 충성을 할 수 있는 바탕이 온유함입니다.

온유함이 있을 때 하나님께서 "그만하면 되었다."고 하실 때까지 기도할 수 있습니다. 그리고 우리의 뜻이 아니라 하나님의 뜻을 구할 수 있습니다.

예수님은 자신이 메어야 하는 멍에가 무엇인지 분명히 알고 계셨습니다. 그것이 얼마나 힘든 일인지도 알고 계셨습니다. 그런데 정작 그 멍에는 쉽고 짐은 가볍다고 하셨습니다. 멍에가 쉽고 가볍다는 것은 끝까지 감당할 수 있다는 뜻입니다.

쉽게 하기 위해서는 지혜가 필요하고, 가볍게 하기 위해서는 힘이 필요하며, 끝까지 하기 위해서 인내가 필요합니다. 그런데 예수님은 멍에와 짐이 쉽고 가벼운 이유가 자신이 온유하고 겸손하기 때문이라고 하십니다. 온유함은 '강하지만 부드러움을 끝까지 유지하는 것'이기 때문입니다. 하나님은 한 사람의 온유함을 인정하셨습니다.

> 이 사람 모세는 온유함이 지면의 모든 사람보다 더하더라
>
> 민 12:3.

온유한 사람은 개인적인 감정이 없습니다. 자신을 변호하지도

않고 쉽게 흥분하지도 않습니다. 모세는 이스라엘을 인도하는 광야 40년 동안 누구도 원망하지 않았습니다. 백성들이 가던 길을 포기하고 돌아가려 했을 때 조차 그들을 비난하거나 정죄하지 않았습니다. 백성들이 원망하고 대적할 때조차 자신이 가던 길을 포기한 적이 없었습니다. 힘들어서 주저앉은 적도 없었습니다. 그런 모든 상황에서 모세는 하나님의 말씀에 귀를 기울이고 백성들의 죄를 대신하여 하나님 앞에 엎드렸습니다. 그는 미디안 40년의 삶을 통해 하나님이 철저히 다스리시며 끝까지 책임진다는 사실을 깨달았기 때문입니다. 자신을 원망하고 돌로 치려는 사람을 위해 기도하다니 얼마나 온유한 사람입니까?

온유함은 각 사람의 권위를 인정하고 눈앞에 있는 상대를 하나님의 마음으로 대하는 자세를 갖게 합니다. 여기에서 사람에 대한 겸손이 시작됩니다. 온유하고 겸손하신 예수님은 제자들을 있는 그대로 사랑하셨습니다. 어떤 조건을 말씀하지 않으셨습니다. 어부는 어부대로, 의사는 의사대로, 세리는 세리대로 인정해 주셨습니다. 서로 높아지려고 다툴 때도, 살기 위해 예수님을 버리고 도망갔을 때에도 있는 그대로 인정해 주셨습니다. 온유함과 겸손함, 이것이 우리가 하나님께 쓰임받는 이유입니다. 바로 사탄이 도저히 할 수 없는 것이기 때문입니다. 하나님은 그런 사람이 되도록 우리에게 변화와 성숙의 기회를 주십니다.

사람이 하나님의 뜻을 구하지 못하는 이유가 무엇 때문입니까?

하나님의 뜻보다는 자기의 뜻을 우선시하거나, 무엇이든 구하라는 말씀을 오해하거나, 하나님의 응답은 반드시 부담으로 온다는 것을 알기 때문입니다. 무조건 순종할 준비가 되어있지 않은 사람은 하나님의 응답이 두려워 하나님의 뜻을 구할 수 없습니다. 자기의 뜻을 관철하려 애쓸 뿐입니다.

하나님의 일

하나님의 일은 하나님의 시간에, 하나님의 장소에서, 하나님의 방법으로 진행되어야 합니다. 그런데 사람이 자기 의에 사로잡히거나 하나님과의 교제가 없으면, 하나님의 이름으로 자기 의를 세우는 잘못을 범할 수 있습니다.

신앙 연륜이 많을수록, 또 은혜 안에 있다고 자부할수록 사탄은 그에게 자기의 생각을 집어넣습니다. 이때 대부분은 당연히 하나님께서 주신 생각으로 받아들입니다. 자신은 신앙 연륜이 깊고 하나님의 은혜 안에 있어서 사탄이 건드리지 못할 것으로 생각하기 때문입니다.

예수님이 자신의 고난당하심과 죽으심, 그리고 부활을 말씀하실 때 앞에 있던 베드로가 무엇이라 말했습니까?

> 베드로가 예수를 붙들고 항변(에륵사토 에피티만 아우토, ἤρξατο ἐπιτιμαν αὑτω)하여 이르되 주여 그리 마옵소서 이 일이 결코 주께 미치지 아니하리이다 마 16:22.

'항변하여'에 해당하는 '에륵사토 에피티만 아우토(ἤρξατο ἐπιτιμαν αὑτω)'를 직역하면 '그가 그를 비난하기 시작했다.'입니다. 이는 한 번만 권고한 것이 아니라 계속해서 끈질기게 말했다는 것을 뜻합니다.25) 그리고 '결코'라는 말 속에서 베드로가 얼마나 강하게 부정하고 있었는지 알 수 있습니다.

베드로가 한 말은 사탄이 넣어준 생각입니다. 사탄은 사람의 생각 안에 이미 자리를 잡고 하나님처럼 행세하며 상식이라는 객관성을 이용합니다. 그러나 하나님은 원래 상식의 선을 초월해 계십니다. 사람을 사용하시되 이해와 상식을 뛰어넘는 방법으로 일을 진행하십니다. 하나님 앞에서 자기를 포기하고 낮추지 않으면 사탄의 달콤한 유혹에 넘어가기 쉽습니다. 그리고 그것이 하나님의 뜻인 것처럼 오해합니다.

사탄은 "그러나 나는 하나님을 위해 일하고 하나님께서는 내게 은혜를 주시며 다른 사람들은 나를 존경한다. 나는 다른 이들을 돕는데 하나님께서 사용하시는 도구이다."라는 생각으로 우리를 속인다는 것을 염두해 두어야 합니다.[26]

모든 일에는 때가 있습니다. 하나님께서 사람을 통해 일하시는 것에도 때가 있습니다. 주변에 예수님을 영접하지 않은 이웃이 있다면, 그는 하나님께서 버린 사람이 아니라 아직 구원받지 못한 사람일 뿐입니다. 모든 사람이 구원에 이르는 것이 하나님의 뜻입니다. 우리와 이웃의 차이는 '이미'와 '아직'이라는 시간 차이밖에 없습니다. 그들을 하나님의 눈과 마음으로 볼 수 있는 사람이 되게 하시려고 하나님은 우리의 의를 깨뜨리십니다. 서기관과 바리새인들은 자기 의를 중요시하다가 이웃을 멸시하는 과오를 범했습니다. 우리의 의가 바리새인의 의보다 낫기 위해서는 우리가 붙들고 있는 의가 아무것도 아님을 알고 깨뜨려야 합니다. 그리고 이웃을 용납하고 품고 하나로 연합할 줄 알아야 합니다.

등 대

성소에 들어가면 왼편 남쪽면 가운데 등대가 놓여 있습니다. 하나님은 정금 한 달란트로 등대와 부속 기구들을 만들라 하셨습니다. '메노라'로 불리는 등대는 밑판에서부터 줄기를 지나 7개의 가지와 잔에 이르기까지 접합된 곳이 없습니다. 바닥부터 줄기와 가지, 잔과 꽃받침, 꽃과 등잔까지 한 덩이의 금을 쳐서 만들었습니다. 또 모든 가지는 내부가 비어 있어서 한 곳에 기름을 부으면 내부의 관을 따라 7개의 등잔에 같은 높이로 동시에 기름이 차올랐습니다.

사람의 타락한 성품은 하나님의 성품과 충돌합니다. 사람의 성품이 고쳐지지 않으면 자신을 죽이는 흉기가 됩니다. 사람의 성품이 아무리 고귀한 것 같아도 자연적 상태로는 열린 문 앞에 설 수 없습니다. 아담과 하와가 범죄했을 때 땅도 저주를 받았습니다. 하나님은 땅에서 나는 것을 그대로 받으신 적이 없으십니다.

사람에게서 난 것도 그대로 받으신 적이 없으십니다. 비록 제련된 정금이라 할지라도 용도에 맞게 두들기셨습니다. 정금 덩어리를 두들겨 등대를 만드는 것은 일반적인 과정이 아니었습니다. '메노라'는 수천만 번의 망치질을 통해 놀라운 모습으로 변화된 결과물이었습니다.

일단 성소에 들어가면 제사장이라 할지라도 등잔의 등불을 의지하지 않고는 아무것도 할 수 없습니다. 제사장은 매일 저녁부터 아침까지 등잔의 심지를 정리하고 기름을 채우고 불이 꺼지지 않도록 점검했습니다.

성소에는 '메노라'가 밝히는 불빛이 있습니다. 이 불은 사람이 피운 불이 아닙니다. 성막을 완성한 뒤 번제를 드렸을 때 여호와 앞에서 불이 나와 제물을 불살랐습니다. 그리고 그 불로 등대와 향로에 불을 붙였습니다. 우리는 왕과 제사장으로써 기이한 빛이 있는 이곳에 들어갈 수 있어야 합니다. 계속 바깥 어두운 곳에 머물 생각을 하지 않아야 합니다.

'메노라'는 감람으로 빻은 순결한 기름으로 불을 밝혔습니다. 불순물이 섞이지 않은 정금 등대와 역시 불순물이 제거된 순수한 기름의 조합이었습니다.

자연적 본성

아론은 대제사장으로 부름을 받았습니다. 그가 성소로 들어가기 위해서는 위임을 받아야 했습니다. 온 회중이 모인 회막문에서 공개적으로 몸을 씻고 속옷까지 갈아입었습니다. 벌거벗은 후에 에봇을 입었고 성소로 들어갈 수 있게 허락되었습니다.

요셉이 바로 앞에 서기 위해서는 옷을 갈아입어야 했고, 에스더도 왕 앞에 나아가기 위해서는 예복을 갈아입어야 했습니다. 하나님은 아담과 하와의 무화과 잎 치마를 벗기시고 가죽옷을 입히셨습니다. 벌거벗지 않고 옷을 갈아입을 수는 없습니다. 벌거벗음을 통과하지 않고 왕 앞에 설 수는 없습니다.

옷은 신분과 권위를 상징합니다. 옷을 벗는다는 것은 곧 자신을 포기한다는 뜻입니다. 아론은 성소로 들어가는 허락을 받기 위해 공개적으로 몸을 씻고 옷을 갈아 입었습니다. 수치를 통한 깨어짐을 감내해야만 했습니다. 수치의 순간에 영광에 집착하는 사탄이 떠나기 때문입니다. 그래서 수치를 두려워하는 자는 하나님 앞에 설 수 없습니다. 하나님께서 주시려는 것은 깨어짐과 부서짐 뒤편에 있기 때문입니다.

하나님 앞으로 나아갈수록 사람의 자연적 본성이 붙잡고 있는 것은 그것이 무엇이 되었던 모두 드러납니다. 자연적 본성은 결코 저절로 교정되지 않습니다. 우리는 본성이 원하는 것을 뺨은 후 하나님의 불로 태울 수 있어야 합니다. 본성이 추구하는 열매는 악한 열매일 뿐이기 때문입니다.

　돌감람나무를 참감람나무에 접붙이는 사람은 없습니다. 그런데 하나님은 돌감람나무를 참감람나무에 접붙이십니다. 돌감람나무가 참감람나무 열매를 맺으려면 어떻게 해야 하겠습니까? 돌감람나무 스스로 자기 성질을 모두 버려야 합니다. 그리고 참감람나무의 성질을 받아들여야 합니다.

본성의 열매

홍수가 지난 후 노아가 날려 보냈던 비둘기는 저녁에 감람 새 잎사귀를 물고 왔습니다. 하나님께서 새로 창조하신 감람나무가 아니라 홍수에서 살아남은 감람나무의 잎사귀입니다.

노아와 아들들이 방주를 만들고 홍수를 겪었다고 해서 그들 속에 있던 원죄가 사라진 것은 아니었습니다. 홍수가 쓸고 지나갔다고 해서 아담이 범죄할 때 땅이 받은 저주가 풀린 것도 아니었습니다. 마찬가지로 감람나무가 홍수에서 살아남았다고 해서 새 잎사귀가 새로운 소망을 상징하는 것은 아닙니다. 여전히 저주받은 땅에 뿌리를 두고 열매를 맺는 자연적 본성이 남아 있기 때문입니다.

우리는 모두 방주에 머무는 노아와도 같습니다. 환경이라는 풍랑은 끊임없이 몰아칩니다. 스스로 방향을 잡을 수도 없고 노를 저을 수도 없습니다. 방주 안의 노아처럼 바람이 몰아치고 물결이 흘러가는 대로 밀려갈 뿐입니다.

비록 소망을 품고 있지만 타락한 본성에서 추구하는 것은 전혀 새로운 것이 아닙니다. 내일이 되면 또 다른 것을 원하게 됩니다. 추구하는 것은 손에 잡히는 순간 옛것이 됩니다.

닥친 문제 앞에서 옛날로 다시 돌아가고자 하는 것은 인간의 본성입니다. 애굽에서 고역 때문에 탄식하며 부르짖던 백성이 광야를 지나는 동안 몇 번이나 애굽으로 돌아가려 했습니까? 자신들이 생각했던 새로운 것은 하나님께서 주시고자 하는 것과 달랐습니다. 그들은 젖과 꿀이 흐르는 땅을 원했습니다. 그러나 하나님께서 그들에게 주시는 땅은 싸우고 정복한 후에 젖과 꿀이 흐르는 곳으로 만들어 가야 할 땅이었습니다.

타락한 본성이 추구하는 열매는 하나님의 소망과 충돌합니다. 우리가 자기 본성을 붙잡고 고집한다면 하나님께서 주시는 성품을 붙잡을 수 없습니다. 하나님은 타락한 본성에서 나오는 열매가 무엇인지 분명히 말씀하셨습니다.

> 여호와께서 미워하시는 것 곧 그의 마음에 싫어하시는 것이 에닐곱 가지이니 곧 교만한 눈과 거짓된 혀와 무죄한 자의 피를 흘리는 손과 악한 계교를 꾀하는 마음과 빨리 악으로 달려가는 발과 거짓을 말하는 망령된 증인과 및 형제 사이를 이간하는 자이니라 잠 6:16-19.

하나님께서 우리에게 주시는 성품은 우리의 타락한 본성과는 차원이 다릅니다. 그러므로 자신의 본성을 붙잡고 있는 사람은 결코 성소에 들어갈 수 없습니다. 하나님은 우리에게 하나님의 성품을 닮은 열매를 원하시기 때문입니다.

일곱 영

일곱 등불은 우리에게 보여 주시는 하나님의 일곱 성품입니다. 정금을 두드려 등잔을 만들고 감람을 빻아 기름을 만들어 불을 밝혔습니다. 감람 열매는 사람의 본성적 열매입니다. 사람의 본성에 숨겨져 있던 7가지 가증한 것은 하나님의 성품과 상충됩니다. 또 감히 하나님의 경이로운 성품과는 한심할 정도로 형편없는 열매입니다. 이런 모든 것을 포기하고 깨뜨리고 빻고 불태울 때 하나님께서 추구하시는 길이 열립니다. 그 일을 이루도록 하나님은 우리의 본성이 맺은 열매를 불태우시고 하나님의 영으로 채워주십니다.

> 주 여호와의 신, 곧 지혜와 총명의 신이요 모략과 재능의 신이요 지식과 여호와를 경외하는 신이 그 위에 강림하시리니 사 11:2.

그런데 하나님의 말씀은 너무나 정확해서 일곱 영이 임한 다음에 될 일까지 말씀합니다.

> 그가 여호와를 경외함으로 즐거움을 삼을 것이며 그 눈에 보이는 대로 심판치 아니하며 귀에 들리는 대로 판단치 아니하며 사 11:3.

여기에는 우리가 품고 있던 감정도, 지성도, 의지도 자리할 곳이 없습니다. 하나님을 향한 즐거움만 있을 뿐입니다. 이것이 우리가 성소로 들어가야 할 이유입니다.

사도 요한은 "그 보좌 앞의 일곱 영"이라고 분명히 명시하고 있습니다. 일곱 영이 있는 성소가 바로 하나님의 보좌 앞입니다. 일곱 금촛대는 예수님이 거니시는 교회입니다. 교회는 촛대 사이를 거니시는 예수님의 영광이 나타나는 곳입니다.

예수님이 거니실 때 일곱 교회의 행실이 고스란히 드러났습니다. 선한 행실과 함께 죄악도 드러났습니다. 우리가 성소로 들어갈 때 담대해야 하는 이유가 여기에 있습니다. 하나님은 소아시아 일곱 교회의 공과를 철저히 분석하셨습니다. 과오도 함께 드러날 때 하나님의 진정한 일군으로 변화될 수 있습니다.

예수님께서 에베소 교회를 거니실 때 '처음 사랑'을 잃어버린 사실이 드러났습니다. 버가모 교회를 거니실 때 '니골라당의 교훈'을 지키는 방탕함이 드러났습니다. 두아디라 교회를 거니실 때 '이세벨을 받아들인 것'과 '회개하지 않음'이 드러났습니다. 사데 교회를 거니실 때 살았다는 이름을 가졌지만 '죽은 자'라는 사실이 드러났습니다. 빌라델비아 교회를 거니실 때 '옳은 행실'과 '말씀에 대한 순종'이 드러났습니다. 라오디게아 교회를 거니실 때 '미지근한 모든 행실'이 드러났습니다. 그럼에도 예수님은 그들 모두를 이긴 자로 세우길 원하셨습니다.

선이 드러나고 악이 묻히는 것은 소용이 없습니다. 악이 드러나고 선이 묻히는 것도 소용이 없습니다. 선이 드러날 때 악도 같이 드러나야 합니다. 예수님이 우리 안에 임하셨다면 우리 안에 숨어 있던 악은 드러날 수밖에 없습니다. 그것이 정상입니다.

제사장들이 매일 성소에서 등잔에 기름을 채우고 심지를 고른 것처럼 우리는 매일 하나님 앞에서 자신을 돌아보아야 합니다. 매일 자기의 본성을 깨뜨리고 살피고 말씀으로 섬세하게 다듬어야 우리가 하나님의 성소가 될 수 있습니다.

분향단

성소에 들어가면 맞은편 휘장 앞에 분향단이 있습니다. 분향단 뒤편에 있는 그룹을 수놓은 휘장 너머는 지성소입니다. 분향단은 하나님의 법궤에서 가장 가까운 곳에 위치합니다. 조각목으로 만들고 정금으로 쌌습니다. '금향단'이라고도 불렀습니다.

솔로몬의 성전에서는 분향단에 대하여 특이한 설명을 합니다. 분향단을 가리켜 '내소에 속한 단 왕상 6:22'이라고 했습니다. 여기 '속한'에 해당하는 히브리어 전치사 '레(?)'는 고정된 위치에서의 '안쪽'이 아니라, 주로 무엇인가를 향해 그쪽으로 들어가는 움직임을 나타낼 때 쓰입니다. 즉, 분향단이 내소(지성소) 안에 있다는 말이 아니라, 그 역할이 내소(지성소)에 속해 있다는 뜻입니다.[27]

분향단 위 금향로에서는 네 가지 향품으로 만든 향이 아침과 저녁에 분향되었습니다.

> 여호와께서 모세에게 이르시되 너는 소합향과 나감향과 풍자향의 향품을 가져다가 그 향품을 유향에 섞되 각기 같은 분량대로 하고 그것으로 향을 만들되 향 만드는 법대로 만들고 그것에 소금을 쳐서 성결하게 하고 출 30:34-35.

하나님은 소합향과 나감향과 풍자향과 유향에 소금을 섞어 곱게 빻은 후에 얼마를 증거궤 앞에 두라고 하셨습니다. '소합향'은 '몰약 나무'의 껍질을 칼로 베어낸 후 받은 진액입니다. 타락한 자아의 포기를 상징합니다. '나감향'은 습지에 사는 표피동물의 껍질이나 소라 껍질을 곱게 빻은 가루입니다. 사람의 인정을 받으려는 욕망의 포기를 상징합니다. '풍자향'은 지중해 바닷가에서 자라는 '페룰라 갈바니플루아'의 줄기에서 받아낸 진액입니다. 오랫동안 지속적인 영향을 미치는 것으로 내면에 붙잡고 있던 탐욕의 포기를 상징합니다. '유향'은 아라비아 사막에서 자생하는 유향 나무의 줄기에 상처를 내고 받아낸 진액입니다. 세상 영광의 포기를 상징합니다. 소금을 섞어 빻는 것은 어떤 것도 변질시키거나 왜곡시키지 않고 있는 그대로 인정한다는 의미입니다.

하나님은 이런 것에 불을 붙였을 때, 그 향기를 지극히 거룩하다고 하셨습니다. 숨기지 않고 있는 그대로의 것을 인정하고 깨뜨리고 하나님 앞에서 태워 소멸하는 것이기 때문입니다. 타락한 본성이 부여잡고 있던 것을 하나님 앞에서 깨뜨리고 소멸시키는 것보다 더 거룩한 것은 없습니다.

아론이 아침마다 그 위에 향기로운 향을 사르되 등불을 손질할 때에 사를지며 또 저녁 때 등불을 켤 때에 사를지니 이 향은 너희가 대대로 여호와 앞에 끊지 못할지며 출 30:7-8.

금향로는 대속죄일에 대제사장에 의해 지성소 안으로 들어갔습니다. 향로의 연기가 법궤 위 속죄소를 가려야만 대제사장이 죽음을 면했습니다. 숨겨져 있던 죄와 행실을 인정하고 깨뜨려 불태우는 향이었기 때문입니다.

우리는 하나님 앞에서 왕과 제사장입니다. 숨겨져 있던 죄와 그릇된 본성을 하나님 보좌 앞에서 불사르는 것은 대단한 특권입니다. 보좌 앞에서 드리는 향은 우리가 깊이 숨겨두었던 것들이 하나님 앞에서 아무것도 아님을 인정하고 항복하는 것이기 때문입니다. 그것이 바로 하나님의 성에서 되어져야 할 일입니다.

나의 기도가 주의 앞에 분향함과 같이 되며 나의 손드는 것이 저녁 제사 같이 되게 하소서 시 141:2.

그 두루마리를 취하시매 네 생물과 이십사 장로들이 그 어린 양 앞에 엎드려 각각 거문고와 향이 가득한 금 대접을 가졌으니 이 향은 성도의 기도들이라 계 5:8.

예수 그리스도를 통해 "회개하라 천국이 가까웠느니라."고 하신 하나님 앞에 죄를 인정하는 것보다 더 거룩한 것이 있겠습니까?

그리고 가장 큰 죄가 교만이라는 것을 알면 무엇을 놓아야 할지 알게 됩니다. 타락한 본성을 가진 우리가 추구하는 것들은 우리를 교만하게 하는 것들이기 때문입니다.

숨겨져 있던 것과 붙잡고 있던 것들을 스스로 깨뜨리기만 하면, 하나님 앞에서 아무런 문제가 되지 않음을 알아야 합니다. 우리가 하나님 보좌 가장 가까운 성소에 들어가야 하는 이유는 지성소에 계신 하나님을 만나기 위함입니다. 그곳은 우리가 가진 모든 본성이 드러나고 소멸되며, 하나님으로 충만해지는 곳입니다.

하나님은 태초에 하나님과 피조물 사이에 선 아담과 하와에게 "땅에 충만하고 땅을 정복하고 모든 생물을 다스리라."고 하셨습니다. 둘째 아담으로 오신 예수님은 부활하신 후 하늘과 땅의 모든 권세를 가지고 하나님과 피조물 사이에 서셨습니다. 그리고 우리를 그곳으로 부르십니다. 우리가 가야 할 곳은 바로 하나님의 성, 곧 성소입니다. 그때 비로소 우리가 지성소에 임하신 하나님과 앞으로 될 일들 사이에 서 있다는 것을 알게 됩니다.

성막 뜰과 성소 사이에는 휘장이 있습니다. 현실적으로는 아주 가까운 거리이지만 영적으로 너무나 먼 거리입니다. 철저하게 깨어진 사람은 휘장을 열고 들어갈 수 있는 곳입니다. 그러나 깨어지지 않은 사람은 깨어질 때까지 도저히 닿을 수 없는 곳입니다.

중보의 상급

믿음이 있다면서 행함이 없는 이웃이 있습니까? 그의 행함 없음을 비난하지 않아야 합니다. 믿음이 있다면서 쉽게 좌절하고 절망하는 이웃이 있습니까? 그의 약함을 판단하지 않아야 합니다. 믿음이 있다면서 분쟁하고 다투는 이웃이 있습니까? 누구 한 사람의 편에 서는 것이 아니라 그들의 하나됨을 위해 기도해야 합니다. 이것이 주님을 닮음입니다.

하나님께서 누군가를 보여 주셨다면, 그를 위해 기도할 사명이 더해진 것입니다. 이웃을 질책하라고 그의 허물을 보여 주신 것이 아닙니다. 그를 대신해 기도할 기회를 주신 것입니다. 우리는 결코 누군가를 판단할 정도로 의롭지 못할 뿐 아니라, 판단할 자격도 지혜도 없기 때문입니다.

열린 문 앞에 선 사람에게는 기도의 의무가 주어집니다. 이웃을 향한 기도는 하나님과 이웃 사이에 서는 것입니다. 일에 대한 기도는 하나님과 하나님께서 하실 일 사이에 서는 것입니다. 이웃에게 가장 좋은 것이 주어질 때 그에게도 주어집니다. 하나님의 일이 성취될 때 전리품과 상급을 받게 됩니다. 이것이 향단에 올라 기도하는 자에게 주어지는 은혜입니다.

이런 기도는 마음에 간사한 것이 없는 사람이나, 자기 기준과 자기 판단이 없는 사람만이 할 수 있습니다. 마음에 간사함이 없으니 사단이 틈을 타지 못합니다. 자기 기순이 없으니 이웃의 허물이 보이지 않습니다. 자기 판단이 없으니 이웃의 부족함을 찾지 않습니다. 우리의 주된 의무는 이웃을 향한 하나님의 마음을 알고 하나님처럼 사랑하는 것입니다.

소돔과 고모라

소돔과 고모라의 타락이 한계에 다다랐습니다. 하나님은 소돔과 고모라를 멸하기로 작정하셨습니다. 아브람이 의인 50명만 있으면 어떻게 하실 것인지를 여쭈었고 하나님은 용서하겠다고 하셨습니다. 40명, 30명, 20명을 지나 아브라함은 마지막으로 의인 10명만 있으면 어떻게 하실 것인지를 또 여쭈었습니다. 하나님은 10명만 있어도 멸하지 않겠다고 하셨습니다. 물론 소돔과 고모라는 의인 10명이 없어서 멸망했습니다.

학자들은 아브람 당시 소돔의 인구를 1,000명 정도로 추산합니다. 1,000명 가운데 10명, 아브라함은 1%의 의인은 있으리라고 생각했습니다. 그러나 현실은 그렇지 못했습니다. 의인에 대한 하나님의 기준과 사람의 기준이 다릅니다. 눈에 보이는 의로움보다는 그 안에 감추어진 불의가 더 많습니다. 사람의 의로는 하나님을 만족시킬 수 없다는 것을 새삼 실감하게 하는 사건입니다.

그러나 사실 하나님은 0.1%의 의인을 무시하거나 유기하지 않으십니다. 소돔 성으로 가시는 것은 그곳에 구원받을 자가 있다는 뜻입니다. 천사를 성안으로 보내신 것은 큰 악을 제거하기 위해 작은 의를 버리지 않으시는 하나님을 보여 줍니다. 그곳에는 말씀에 순종하여 그곳을 떠날 수 있는 4사람, 0.4%가 있었습니다.

하나님의 사랑과 배려는 우리의 기도항목보다 더 세밀합니다. 0.4%가 하나님 앞에서 구원받을 가능성을 가진 존재라면 우리는 더 철저히 자신을 돌아보며 더 정결하고 의로운 삶을 살아야 합니다. 그리고 하나님의 사람으로서 죄에 자신을 내어주는 일은 결코 없어야 할 것입니다.

성경의 모든 사건은 장래에 되어질 일들을 미리 보여 준다는 것을 아는 사람은 매 순간 성경의 눈으로 자신을 보며 모든 일에 삼가 조심해야 합니다.

이리로 올라오라

　예수님은 하나님과 피조물 사이에 서 계셨습니다. 죄를 품고 있는 피조물을 향한 하나님의 진노를 자신의 몸으로 막고 계셨습니다. 십자가에서 못 박히시고 창으로 찔림을 받으신 것은 죄에 대한 하나님의 진노를 몸으로 받으신 것입니다. 그때 성전의 휘장은 찢어졌고 지성소와 성소는 하나가 되었습니다. 예수님이 이제까지 막고 계셨던 하나님과 피조물 사이의 틈은 이제 하나님과 우리의 친밀함과 기도의 자리가 되었습니다.

　사도 요한은 빛 가운데 거하는 사람은 자기 속에 거리낌이 없다면서 세상도 그 정욕도 지나가는 것이라 했습니다. 세상을 사랑하는 것과, 자기 만족을 위해 정욕을 쫓았던 본성과, 끊임없이 영광을 쫓는 탐욕과, 사람의 인정을 받으려는 욕심은 모두 지나가는 것들입니다. 이것을 붙잡고 영원하신 하나님 앞에 머물 수는 없습니다. 하나님 앞에 존재하는 것은 지나가고 소멸될 것이 아니라 영원한 것이어야 하기 때문입니다. 우리는 하나님 앞에서 영원한 존재입니다. 지나가고 소멸될 것을 붙잡을 것인지, 영원한 하나님 앞에 머물 것인지를 선택해야 합니다.

　하나님께서 사랑하는 자녀에게 기도를 맡기시는 이유는 더 친밀해지기 위함입니다. 사실 하나님은 기도의 후원이 없어도 일사천리로 일을 이루실 능력이 있으십니다. 그럼에도 우리에게 기도를 맡기시는 이유는 자신의 승리를 나누고 싶으시기 때문입니다. 우리가 하나님과 하나님께서 하시고자 하는 일 사이에 설 때, 하나님은 우리를 통로로 일을 이루십니다. 그리고 그 성취와 영광의 자리에 우리를 세우십니다. 우리는 당연히 그 모든 것을 받고 누리게 됩니다.

하나님은 이런 방식으로 우리를 현 단계에서 다음 단계로 끌어올리십니다. 하나님을 더 많이 경험하길 원하는 갈망이 일어나게 하시고, 그 갈망의 끝에서 관계를 통한 친밀함과 승리를 주십니다.

우리는 여기에서 시간의 벽을 넘어야 합니다. 사람은 누구나 자기 현실에 갇혀 살아가며, 자기 문제의 돌파를 위해 기도할 시간조차 없는 것이 현실입니다. 그런데 하나님은 자신의 마음을 우리에게 주시고 함께 기도하게 하십니다. 그 시작이 기도의 골방에서의 순종입니다.

골방에서는 기도 자체가 기도의 목적이어야 하며, 이쯤 되면 하나님은 우리의 기도 자체에 만족하십니다. 하나님께서 기도를 통해 관계를 확인시키시기 때문입니다. 이런 관계 안에서 우리는 쉬지 않고 기도할 수 있습니다. 기도하기로 정한 시간뿐만 아니라 길을 가면서, 혹은 설거지를 하면서, 혹은 TV를 시청하면서도 할 수 있습니다. 기도는 가장 친밀한 관계의 수단이기 때문입니다.

우리는 흔히 기도의 결론을 정해 놓고 기도하는 실수를 할 때가 많습니다. 하나님께서 우리의 주인이시라면 결론을 정하시는 분은 하나님이십니다. 종은 자기의 의견을 조심스럽게 제시할 뿐입니다. 문제를 해결하는 방법은 여러 가지이고, 또 우리가 알지 못하는 방법이 더 많기 때문입니다.

결론을 미리 정해 놓고 기도하는 사람은 하나님의 응답을 기다릴 필요가 없습니다. 이미 스스로 결론을 내렸기 때문입니다. 결론을 이미 정해 놓은 사람은 기도 후에 자리를 털고 일어납니다. 자신이 할 일은 다 했고, 이제 하나님께서 일하실 차례라고 생각하기 때문입니다.

그러나 의견을 제시한 사람은 응답을 기다립니다. 자신을 비웠기 때문에 해야 할 사명을 받아야 하기 때문입니다.

그 후에 다윗이 여호와께 여쭈어 아뢰되 내가 유다 한 성읍으로 올라가리이까 여호와께서 이르시되 올라가라 다윗이 아뢰되 어디로 가리이까 이르시되 헤브론으로 갈지니라 삼하 2:1.

다윗이 여호와께 여쭈어 이르되 내가 블레셋 사람에게로 올라가리이까 여호와께서 그들을 내 손에 넘기시겠나이까 하니 여호와께서 다윗에게 말씀하시되 올라가라 내가 반드시 블레셋 사람을 네 손에 넘기리라 하신지라 삼하 5:19.

하나님의 뜻을 묻는 과정을 통과하면서 우리를 구별해 놓으신 하나님을 인정하게 됩니다. 하나님께서 자신의 계획을 이루어 가는 데 있어서 우리를 사용하신다는 사실에 그저 감사하고 황홀할 뿐임을 알게 됩니다. 그러나 많은 사람이 이 소명을 놓치고 있습니다.

만약 기도에 대한 소명을 감당할 수만 있다면 놀랍도록 성숙할 것입니다. 또 기도의 자리에 나아가 더 큰 소명을 부여받을 것입니다. 기도의 부담감과 소명은 어른이 되어서만 가지는 것이 아닙니다. 하나님을 아버지로 의식하는 모든 사람이 가질 수 있고 또 가져야만 합니다.

사무엘은 어렸을 때부터 성전에서 자랐습니다. 대제사장 엘리는 자기의 소명을 다 감당하지 못했습니다. 두 아들 홉니와 비느하스도 제사장으로서의 소명을 감당하지 못했습니다. 이때 하나님은 법궤가 있는 전 안에 누운 사무엘에게 앞으로 되어질 일들을 말씀하셨습니다. 기도의 소명과 함께 엄청난 부담감이 주어졌습니다. 이런 부담감과 소명은 사무엘이 일평생 무엇을 하여야 할 것인지를 알게 했습니다.

> 사무엘이 자라매 여호와께서 그와 함께 계셔서 그 말로 하나도 땅에 떨어지지 않게 하시니 삼상 3:19.

사무엘의 말이 땅에 떨어지지 않은 것은 그가 하나님 앞에 있었기 때문입니다. 그는 하나님과 하나님께서 하실 일 사이에 서 있었습니다. 그래서 하나님은 사무엘을 통해 자기를 나타내셨습니다.

엘리 가문의 제사장들이 다 죽고 사무엘이 엘리의 뒤를 이어 사사가 되었습니다. 백성을 다스리며 하나님을 섬겼습니다. 사무엘이 아들들을 사사로 세웠지만 제대로 직임을 감당하지 못했습니다. 백성은 왕을 요구했고, 사울이 왕으로 취임했습니다. 나이가 많아 늙었다는 소리를 듣는 사무엘이었지만, 그때까지도 기도의 부담감과 소명을 붙들고 있었습니다.

> 나는 너희를 위하여 기도하기를 쉬는 죄를 여호와 앞에서 결단코 범치 아니하고 선하고 의로운 도로 너희를 가르칠 것인즉 삼상 12:23.

사무엘은 성전에서 자신을 키우고 가르친 대제사장 엘리의 실패를 보았습니다. 자신이 하나님의 명령을 받고 기름 부어 왕으로 세운 사울이 실패하는 과정도 보았습니다. 하나님의 마음에 합한 자라는 인정을 받은 다윗이 사울에게 쫓겨 광야와 블레셋으로 도망다니는 것도 보았습니다. 기도하기를 쉬지 않겠다고 했던 사무엘은 그때도 계속 기도하고 있었습니다. 사무엘을 살린 것은 먹는 양식이 아니라 기도의 부담감과 소명이었습니다.

성전에서 수종들던 아이 사무엘이 감당한 기도의 부담감과 소명은 사무엘을 엘리가 있던 자리에 서게 했습니다. 뛰어난 사사로서 나라를 구하고, 두 명의 왕에게 기름을 부어 왕으로 세웠습니다. 기도의 부담감과 소명은 우리를 현단계에서 다음 단계로 올라가게 합니다.

성소(안뜰)의 기도

제삼 일에 에스더가 왕후의 예복을 입고 왕궁 안뜰 곧 어전 맞은편에 서니 왕이 어전에서 전 문을 대하여 왕좌에 앉았다가 왕후 에스더가 뜰에 선 것을 본즉 매우 사랑스러우므로 손에 잡았던 금 규를 그에게 내미니 에스더가 가까이 가서 금 규 끝을 만진지라 왕이 이르되 왕후 에스더여 그대의 소원이 무엇이며 요구가 무엇이냐 나라의 절반이라도 그대에게 주겠노라 하니 에스더 5:1-3.

하나님 앞에는 가장 친밀한 자가 갈 수 있습니다. 밤낮 3일 동안 자기 시녀들과 더불어 금식한 에스더는 왕후의 예복으로 갈아입었습니다. 죽으면 죽으리라는 각오로 왕궁 안뜰로 들어가 어전(the king's hall) 맞은편에 섰습니다. 왕은 이미 어전 문을 열어놓고 왕좌에 앉아 있었습니다. 왕은 안뜰에 들어선 에스더를 보았고, 에스더를 반겼고, 에스더의 말을 들었고, 모든 상황은 역전되었습니다. 에스더가 죽음을 각오하고 안뜰로 들어가 열린 문 앞에

섰기 때문입니다. 왕과 에스더의 친밀함의 결과였습니다.

열린 문 앞까지 가는 것은 우리의 선택입니다. 예수님께서 열어 놓으신 휘장 앞에 서는 것은 우리의 몫입니다. 에스더의 말처럼 죽으면 죽으리라는 각오와 자신은 아무것도 할 수 없다는 사실을 인정해야 합니다. 왕의 보좌 맞은편 안뜰에는 죽음을 각오한 자가 들어갈 수 있었습니다. 그러나 하나님 보좌 맞은편 성소에는 이미 죽은 자 만이 들어갈 수 있습니다.

문제의 해결책은 왕을 만나는데 있었습니다. 그때 문제 해결의 길이 열렸습니다. 왕의 앞에는 모르드개와 에스더가 원했던 해답보다 훨씬 큰 응답이 기다리고 있었습니다. 유다인들이 살아남았을 뿐 아니라 원수를 진멸하고 참된 자유를 획득했습니다. 에스더는 원수 하만의 집을 차지하고, 모르드개는 원수 히만이 있던 왕 다음의 자리에 올랐습니다. 이 얼마나 놀라운 전리품입니까? 전쟁이 클수록 승리의 영광은 더 크고 전리품은 더 많아집니다.

대궐 밖에서, 또 성 안에서 조차 상상할 수 없었던 일이 안뜰로 들어가 열린 문 앞에 섰을 때 일어났습니다.

친밀한 기도

친밀한 사이의 대화는 말하고 듣는 것이 자연스럽습니다. 친밀한 부모와 자녀 사이의 대화도 말하고 듣는 것이 자연스럽습니다. 어느 한쪽의 일방적인 말이 친밀함의 대화는 아닙니다. 우리의 기도는 어느 쪽에 가깝습니까?

우리는 기도하라는 말은 들었지만, 기도의 방법과 목적은 모르고 생활했습니다. 이방인으로 있을 때의 기도, 혹은 나무와 돌로 만든 신에게 기도했던 그 모습 그대로 하나님 앞에서 기도합니다. 기도의 대상만 바꾸었을 뿐 방법을 바꾸지 않은 기도를 하고 있습니다. 기도의 대상이 바뀌면 방법도 바뀌어야 합니다. 주인이 바뀌면 종은 당연히 생각과 말, 습관과 태도까지 주인이 원하는 방식으로 바꾸어야 하기 때문입니다.

우리는 왜 기도해야 합니까? 기도할 이유가 무엇입니까? 우리는 모든 것에 약하고 하나님은 모든 면에 능하신 분이라서 기도한다면, 그것은 너무나 잘못된 기도입니다. 우리가 가진 것이 없고 하나님께서 가진 것이 많아서 기도한다면, 그것은 하나님을 만홀히 여기는 것입니다. 우리가 기도하는 이유는 하나님께서 우리의 아버지이시기 때문입니다.

어떤 문제를 해결하는 것이 기도의 목적이 아닙니다. 원하는 것을 관철하려는 것도 아닙니다. 기도의 목적은 눈앞에 놓인 문제를 통하여 우리에게 나타내시는 하나님 아버지의 마음을 아는 것입니다. 우리 같은 작은 피조물이 광대하신 하나님의 마음을 안다는 것이 얼마나 영광스러운 일입니까? 하나님은 그 영광을 우리가 체험하길 원하십니다.

이런 기도는 시간이 걸리는 연습이 필요합니다. 우리는 '하나님께 기도하고 기다려봐야지' 하지만 채 3분을 넘기지 못하고 또 입을 열어 기도하는 자신을 발견하게 됩니다. 듣는 것에 익숙하지 않고 이미 말하는 기도에 습관이 되어 있기 때문입니다. 하나님 앞에서는 말하는 기도보다 듣는 기도가 더 중요합니다. 여는 입술뿐만 아니라 듣는 귀가 필요한 이유입니다. 처음에는 채 3분을 기다리지 못하고 입술을 열지만, 얼마간의 시간이 지나면 기다림의 가치를 알게 됩니다. 그러나 기다림의 시간은 쉽지만은 않습니다. 혼을 거저로 심은 사단이 마음을 분신시키고 혼란스럽게 할 것이기 때문입니다.

그러나 성소에 들어간 사람은 혼란스럽지 않습니다. 깊은 침묵만 있는 성소에서 세미하게 속삭이시는 음성을 들을 수 있을 것이기 때문입니다.

바울은 예수님을 영접한 후 아라바 광야로 갔습니다. 광야는 모래와 바위와 띄엄띄엄 자라는 작은 나무들뿐입니다. 광야는 길이 없는 곳이 아니라 사방이 열려 있어서 걸어가면 길이 되는 곳입니다. 아무것도 할 수 없지만 어디로든 갈 수 있는 곳이 광야입니다. 그곳에서 바울은 3년 동안 기도했습니다. 동서남북 마음대로 갈 수 있는 그곳에서 오로지 하나님을 기다렸습니다. 하나님과 영교했다는 표현이 가장 적당합니다. '영적인 교제'는 일방통행의 기도가 아니라 양방통행의 기도였습니다.

　우리도 홀로 있는 시간을 통해 하나님 앞에 집중할 수 있어야 합니다. 어린아이와 같이 기분에 따라 요동치는 것이 아니라 어른처럼 심지가 견고하고 또 흔들리지 않아야 합니다. 어린아이는 작은 일에 놀라고, 하나의 일에 꾸준히 집중하지 못합니다. 눈과 귀는 주변을 살피고 듣는데 민감합니다. 자기 분수에 맞지 않는 것에도 욕심을 냅니다. 그러나 성숙한 어른은 폭풍 속에서도 자기 자리를 지키며 주변을 살피지만 자기 일에 집중합니다. 그리고 자신이 살아가는 이유를 알고, 그것을 이루기 위해 하나님께 묻습니다. 삶이 곧 예배가 됩니다.

기도의 타이밍

　별다른 생각없이 생활하는데 어느 날 갑자기 '기도해야겠다.'는 생각이 들면 그 타이밍을 놓치지 않아야 합니다. 하나님께서 긴박하게 주시는 부담감일 수 있습니다. 하나님의 사람에게 맡기시는 사역의 시작은 기도입니다. 사람에게 나타내기 전, 하나님과의 관계가 우선이기 때문입니다. 그곳에서 주인이 누구인지 명확하게 알게 됩니다. 기도의 골방이 없으면 사람들 앞에서 자신을 내세우게 되기 때문입니다.

　기도의 타이밍을 놓치는 사람은 영을 성숙시킬 수 없습니다. 자신의 혼에 붙잡혀 있기 때문입니다. 그의 상태, 상황 그 무엇도 변하지 않고 동일한 문제가 반복됩니다. 그러나 기도의 부담감과 타이밍에 대한 순종은 그가 처한 상황을 돌파하게 합니다. 그래서 하나님은 돌파를 위해 가끔 가장 필요한 기도의 환경으로 몰아가십니다.

　사랑 많고 언약 세우기를 기뻐하시는 하나님은 자녀의 부르짖음에 감동하십니다. 하나님은 모든 일을 마음대로 하실 수 있으시지만, 신실한 아버지로서 자녀의 요청에 응하기를 즐거워하십니다. 우리가 능력 있어서 함께 하시는 것이 아니라 함께 하시기로 스스로 작정하셨기 때문입니다. 또 이긴 자 되시는 하나님께서 승리의 자리에 우리를 세우기 위함입니다.

우리는 누구나 예수님의 이름으로 기도합니다. 각자 원하는 소원이 있고 그것을 구하는 것은 자녀의 특권입니다. 그러나 하나님께 원하는 것을 구하기 위해 마음의 상태를 점검하는 것은 자녀의 의무입니다.

우리는 자녀로서 하나님께 나아갑니다. 왕과 제사장으로 나아가지만 동시에 종으로써 나아갑니다. 종은 그 무엇도 자기 마음대로 할 수 없습니다. 종은 주인이 원하는 대로 해야 합니다. 기도는 자기의 뜻을 관철하거나 하나님을 조종하는 것이 아닙니다. 하나님의 뜻과 자신이 할 일을 묻는 것이 기도이기 때문입니다.

그러면서 기도는 아주 자유스러워야 합니다. 그러나 자신에게는 아주 고지식한 태도가 필요합니다. 하나님의 뜻을 구하는 것에 고집스러울 정도로 집중하고, 신실함으로 기다릴 수 있어야 합니다. 무시로 기도하지만 때때로 시간을 정해 놓고 기도하는 것이 좋고 특별히 기도하는 장소를 정하는 것도 좋습니다. 그러나 마음에 소음이 없다면 식탁 의자도 좋고, 거실 소파도 좋고, 방의 침대도 좋습니다. 어디 멀리 조용한 곳을 찾는 것이 중요한 것이 아닙니다. 외부의 분주한 소리에 마음이 흐트러지지만 않는다면, 지금 있는 그곳이 기도의 골방이고 기도의 향단입니다. 사실 우리는 혼의 감정과 지성과 의지가 자신을 주장하지 않고 영에 복종할 수만 있다면, 어디서든 하나님과 교통할 수 있는 왕과 제사장이기 때문입니다.

에스더가 안뜰로 들어갔을 때 마침 왕의 어전문은 열려 있었고,

왕은 보좌에 앉아 있었습니다. 열린 문 앞에 서는 것은 우리의 선택입니다. 그 때 비로소 하나님의 도모가 시작됩니다.

　이처럼 죽으면 죽으리라는 각오로 자신을 포기한 자가 하나님이 기다리시는 기도의 자리로 온전히 나아갈 수 있습니다. 하나님의 생각이 자기의 생각보다 높다는 것을 인정한다면 자기의 생각을 포기해야 합니다. 자기의 계획이 아무리 선해도 영원을 보시는 하나님의 계획 앞에서는 내려 놓아야만 합니다. 자기 생각과 계획을 포기한 사람이 하나님을 만납니다. 이때부터 하나님이 그의 모든 생애를 간섭하고 인도하십니다. 그때 비로소 주어진 부르심을 이루어 갈 수 있습니다.

돌파의 시작

해결해야 할 많은 문제가 주변에 도사리고 있습니다. 하루가 시작되면 또 다른 문제가 앞을 가로막습니다. 기도하며 문제가 돌파되기를 선포합니다. 그리스도 예수 안에서 외친 선포에 따라 하나님의 사자가 앞서 행합니다. 사람의 도움은 작은 산을 넘게 하지만, 선포는 큰 산을 옮깁니다. 불가능한 것을 가능하게 하고 가장 위험한 순간에 가장 안전함을 경험하게 합니다. 우리에게는 문제를 향해 선포할 자격과 권리가 있습니다. 그리고 하나님의 사자는 우리의 모든 문제를 무너뜨릴 능력이 있습니다.

> 내가 너보다 앞서 가서 험한 곳을 평탄하게 하며 놋문을 쳐서 부수며 쇠빗장을 꺾고 사 45:2.

하나님은 자녀의 모든 일에 개입하길 원하십니다. 그러나 자녀의 요청이 없이는 개입하지 않으십니다. 하나님의 뜻에 맞는 기도와 선포는 하나님의 개입을 구하는 요청서입니다. 이때부터 하나님은 앞서 올라가시며 문을 부수고 벽을 허물며 길을 여십니다. 문제가 해결되고 기도가 응답되고 선포가 성취됩니다.

이런 응답과 돌파가 있을 때 끝까지 겸손해야 합니다. 응답과 돌파를 일으킨 분이 하나님이시기 때문입니다. 우리는 감사하며 한 번 더 자신을 낮출 수 있어야 합니다.

기도의 모든 응답은 평안을 동반합니다. 때로는 눈물이 흐르고 때로는 기쁨의 웃음이 터져 나오지만, 눈물과 웃음 속에 평안이 자리하고 있습니다. 기도가 응답되는 가운데 몸과 마음이 깃털처럼 가벼워지는 때도 있고, 마치 구름 위에 누워있는 듯한 편안함을 느껴질 때도 있습니다. 그때는 기도를 멈추어야 합니다. 하나님께서 말씀하실 시간이기 때문입니다. 하나님의 응답에는 우리가 해야 할 일이 포함되어 있습니다. 침묵 가운데 말씀을 기다릴 줄 아는 지혜가 필요한 때입니다.

그러므로 우리는 하나님의 세미한 속삭임까지 들을 수 있어야 합니다. 우리가 깨어지면 내면의 소음은 더이상 들리지 않습니다. 그때 영을 보좌 삼으신 하나님의 음성이 들리기 시작합니다. 하나님께서 우리 안에 들어와 계시기 때문입니다.

기도에 응답하시는 하나님의 음성은 깃털이 부딪히는 소리보다 세미합니다. 마음의 분주함, 음성에 대한 조바심, 귓가에 들리는 풍성(the noise of wind), 지난 시절에 대한 죄책감 등은 하나님의 음성을 가로막습니다. 깊은 침묵이 하나님의 음성을 듣게 합니다. 성소에서는 등불을 흔드는 바람조차 없다는 것을 알아야 합니다. 이것이 하나님 앞에서의 침묵입니다.

그때 우리의 영원한 유익을 위한 하나님의 음성이 들립니다. 무조건 "예"라는 답이 나오며, 혼의 의사와 상관없는 감사가 뒤따를 것입니다. 의지가 이미 번제단에서 죽고 없기 때문입니다. 판단하거나 억지를 부리지 않습니다. 지성이 이미 물두멍에서 씻기고 새롭게 되었기 때문입니다. 두려워하거나 의심하지 않습니다. 감정이 이미 하나님께서 주시는 즐거움으로 채워졌기 때문입니다.

사실 우리에게 주시는 하나님의 음성은 항상 사탄을 긴장시키고 더 날뛰게 합니다. 하나님께서 우리와 함께 하는 일 가운데 하나는 사탄을 결박하고 멸하는 것입니다. 하나님은 계획의 일부를 우리에게 말씀하셨고, 우리는 "예"라는 대답으로 하나님의 계획에 서명을 했습니다.

사탄이 하나님의 계획을 무효화시키는 방법은 계약자 중 한쪽을 지치게 하여 포기하게 하거나 제거하는 것입니다. 이제 하나님을 대적했다가 쫓겨났던 사탄은 하나님을 공격하는 것이 아니라 계약자인 우리를 공격합니다. 또 하나님의 형상을 가진 우리를 포로로 잡아 종으로 삼으려 합니다.

교만하여 하나님께 대항했다가 실패한 사탄은 자신을 전면에 내세우지 않습니다. 사람을 종으로 삼은 후에 사람 안에 숨어 하나님을 대항하도록 조종합니다. 사람으로 하여금 자신의 생각을 더 견고히 붙잡게 하고, 자기의 주장을 관철하기 위해 부르짖게 합니다. 하나님을 그저 만능심부름꾼으로 전락시키려 하거나 하나님의 생각이나 의보다는 자기의 생각이나 의를 더 중요시하게 합니다.

그러나 우리가 성소에 들어가면 그곳에는 사탄이 설 자리가 없습니다. 그곳은 사탄이 머물던 숨겨져 있던 죄와 상처, 붙잡고 있던 자기 의와 탐욕까지 깨뜨리고 빻아 하나님께 항복한 사람만이 들어갈 수 있는 곳이기 때문입니다.

사랑의 중보

불순종해도 괜찮을 권리는 없습니다. 사람을 미워할 권리도 없고 정죄할 권리도 없습니다. 누군가 흉악한 죄인이라서 무시한다면, 그는 하나님의 사랑을 받을 자격이 없는 사람입니다. 누군가를 미워한다면, 그는 기도할 자격조차 없는 사람입니다. 그것은 자기 자신을 무시하고 미워하는 사람이기 때문입니다.

> 예수께서 가라사대 네 마음을 다하고 목숨을 다하고 뜻을 다하여 주 너의 하나님을 사랑하라 하셨으니 이것이 크고 첫째 되는 계명이요 둘째는 그와 같으니 네 이웃을 네 몸과 같이 사랑하라 하셨으니 마 22:37-39.

우리가 가장 덜 사랑하는 사람에게 주는 사랑만큼 자신을 사랑하고 하나님을 사랑하게 됩니다. 그 누구에게도 이웃의 행동을 저울에 올릴 권리는 없습니다. 우리의 사랑에는 권리가 아니라 의무만 있습니다. 우리의 사랑에는 희생만 있을 뿐 대상의 구별은 없습니다. 비록 하나님께서 누군가를 심판하시기로 작정하셨어도 그것은 하나님의 권리이지 우리의 권리가 아닙니다. 우리는 다만 사랑의 의무로 그를 위해 기도할 뿐입니다.

그러나 기도의 주인이신 하나님께서 기도를 막으신다면, 기도 또한 멈출 수 있어야 합니다. "하라!" 하실 때 하는 것이 순종이듯이, "멈추라!" 하실 때 멈추는 것도 순종이기 때문입니다.

성소에서 드리는 기도는 하나님 앞에 거룩한 향기입니다. 성소의 기도는 하나님의 응답을 부릅니다. 동시에 응답을 가져오는 천사에게 힘을 공급하고 우리의 영을 성장시킵니다. 우리가 포기하지 않는 한 하나님도 포기하지 않으십니다. 동시에 천사가 오다가 돌아가는 일도 없습니다.

세상을 위한 우리의 기도는 사실 혁명과도 같습니다. 세상을 버리거나 멸하는 것은 하나님의 뜻이 아닙니다. 우리는 세상 안으로 들어가 세상을 변화시켜야 합니다. 그것이 모든 믿는 자의 사명이자 의무입니다. 세상은 자신들이 정상이라고 착각하며 우리를 비정상으로 오도하지만, 우리가 세상으로부터 정상이라고 인정받는 것이 하나님의 뜻입니다. 그때 세상이 우리를 보고 변화하기 때문입니다. 그것이 우리가 세상에서 빛이 되어야 하는 이유입니다.

그래서 사탄은 우리의 성장을 방해하려고 저주하고 또 상처를 입힙니다. 감정적으로 아파하고 요동치도록 부모와 형제, 스승과 친구를 동원합니다. 때로는 자녀와 길 가는 작은 아이를 동원할 때도 있습니다.

사탄은 문제를 던져 주고 거기에 집중하도록 유도합니다. 마치 금식을 마치신 예수님 앞에 돌을 던져준 것과 같습니다. 그때 예수님은 돌에 집중하지 않고 하나님의 말씀에 집중하셨습니다.

돌을 떡으로 만드는 것은 능력의 문제입니다. 그러나 '돌'이라는 문제 앞에서 하나님의 말씀에 집중하는 것은 관계의 문제입니다. 돌을 떡으로 만들었다면 예수님은 능력을 보일 수 있었습니다. 그러나 만일 그랬다면 예수님이 사탄에 복종한 것이 됩니다. 우리는 모든 문제 앞에서 하나님과의 관계를 가장 먼저 생각해야 합니다. 그래야만 흔들림 없이 바로 서 있을 수 있기 때문입니다.

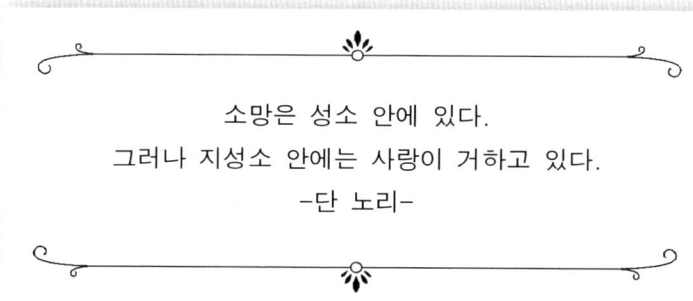

소망은 성소 안에 있다.
그러나 지성소 안에는 사랑이 거하고 있다.
-단 노리-

변화와 성숙

"… 오직 사랑 안에서 참된 것을 하여 범사에 그에게까지 자랄지라…" 엡 4:15.

우리의 영은 하나님의 은혜로 자라가고, 혼은 깨어지고 부서지고 무너져야 합니다. 자신이 할 수 있는 것이 아무것도 없는 고치의 과정을 지나면서 하나님의 보호하심을 경험해야 합니다. 그 후 가장 힘들고 가장 위험하고 가장 지루하고 가장 배고픈 순간이 하나님께서 모든 것을 새롭게 하시는 시간이었음을 알게 됩니다.

또 고치의 과정을 지나면서 자기가 했던 모든 것이 죄였다는 것을 알게 됩니다. 그 모든 것이 하나님과의 친밀함을 방해했다는 것도 깨닫게 됩니다.

성막 뜰에서 성소로 들어가는 물리적 거리는 휘장의 두께 만큼입니다. 그러나 영적 거리는 우리의 혼이 깨어지고 부서지고 빻아져서 타락한 본성을 다 변화시키는 시간까지입니다. 공간의 개념이 시간의 개념으로 바뀌는 순간입니다. 이때 수많은 번민과 갈등이 일어나지만, 우리가 할 수 있는 것이 전혀 없는 환경과 시간입니다. 어두운 터널과 같은 광야의 혹독한 환경을 견디며 하나님의 침묵에 흔들리지 않아야 하는 시간입니다.

하나님의 침묵은 우리를 신뢰하고 계시다는 증거입니다. 하나님의 침묵 속에서 하나님을 기다릴 수 있어야 합니다. 사실 시간 속에서 살아가는 우리가 아무런 계획도 할 수 없는 곳, 그저 주어진 자리가 작고 보잘것 없는 그곳에서 오로지 충성하며 시간 밖에 계신 하나님을 무작정 기다려야 하는 것은 혹독하리만큼 어려운 일입니다.

가는 곳마다 제단을 쌓고 하나님을 경배했던 아브람이 견디어 낸 침묵의 시간이 13년입니다. 아버지가 드리는 제사에 동참했지만, 채색옷이 벗겨지고 다시 입을 때까지 요셉이 견디어 낸 시간이 13년입니다. 다윗이 사울 왕에게 쫓겨 다닌 시간이 13년입니다. 히브리인 중의 히브리인이며 철저한 바리새인으로서 예배하고 기도하며 율법의 의로는 흠이 없는 바울이 복음 사역자로 사람 앞에 설 때까지 견디어 낸 시간이 13년입니다. '13'은 '반항', '반란', '배신', '배교'를 의미합니다. 아브람과 요셉과 다윗과 바울은 이 시기를 견디고 이겨낸 사람들입니다.

사람이 의지로 한 것은 하나씩 고치면 됩니다. 지성으로 한 것은 새로운 지식을 습득하면 됩니다. 그러나 감정의 문제는 다 들춰내기 전에는 해결되지 않습니다. 우리의 발목을 잡는 것은 바로 이 감정입니다.

성경에 나오는 모든 사람과 사건과 장소는 지나간 역사이면서 동시에 우리 각자에게 적용될 이야기입니다. 성경에 기록된 모든 이야기는 영과 혼과 몸에 관한 이야기입니다. 각자 자기에게 고스란히 적용할 수 있어야 하나님의 사람으로 변화하고 성숙할 수 있습니다. 우리가 믿는 하나님은 '우리가 만든 하나님이 아니라 우리를 지으신 하나님'이시기 때문입니다.

씨를 뿌리는 농부는 새로운 씨를 심기 위해 옛것은 뽑아냅니다. 집을 짓는 사람은 새집을 짓기 위해 옛집은 허물어뜨립니다. 하나님은 예수님의 피로 우리를 사셔서 성전으로 삼으셨습니다. 하나님께서 우리 안에 머무시는데 방해되는 모든 옛것은 반드시 제거되어야 하고 우리는 다시 세워져야만 합니다.

구원의 과정

　우리는 하나님의 절대주권을 믿는다는 이유로 많은 것을 오해합니다. 하나님께서 우리를 마음대로 하실 것이라 오해하고, 우리는 아무런 결정권도 없는 존재로 오해합니다. 이런 오해는 우리를 수동적인 사람으로 만들고 스스로 운명론자가 되게 합니다. 그래서 세상의 모든 것, 자신의 미래까지도 이미 다 정해져 있다고 결론짓습니다. 스스로는 아무런 노력도 하지 않고 자신에게 주어진 자유마저 스스로 포기합니다.
　우리가 자신에게 주어진 삶과 권세를 스스로 포기하는 것, 그것은 사탄이 가장 좋아하는 것입니다. 하나님의 계획을 이루는 도구 하나가 스스로 없어지는 것이기 때문입니다.

　하나님은 수동적인 사람은 사용하지 않으십니다. 그에게서는 변화나 열정을 기대하기 어렵기 때문입니다. 반대로 흉악한 자는 방향만 바꾸어 주면 됩니다. 그래서 하나님은 수동적인 사람을 움직이시기보다 흉악한 자를 변화시켜 사용하십니다.

아브람은 갈대아 우르에서 우상인 달의 여신 난나를 제작하던 자였습니다. 이스라엘이라는 이름을 받은 야곱은 아버지와 형과 장인을 속인 속임수의 대가였습니다. 200만 백성의 지도자 모세는 살인자였습니다. 이스라엘의 왕 다윗은 형제들에게서 멸시받는 혼외자였습니다. 바울은 스데반을 죽이는 데 앞장섰던 핍박자였습니다. 하나님은 이들에게 기회를 주셨고 이들은 방향을 바꾸었습니다.

하나님 앞에서 최고의 악은 게으름입니다. 게으른 사람을 사용한 예는 성경에 없습니다. 이런 사람은 개미에게서 조차 멸시를 받을 것입니다. 게으름은 바로 교만에서 나오며, 언제든지 자기 연민에 빠질 위험이 있기 때문입니다.

하나님은 계획하신 일을 성취하기 위해 '지상 대명령'에 동참할 사람을 찾으십니다. 우리는 이 일에 동참함으로써 구원을 이루어 갈 것입니다. 익숙한 우리의 방법이 아니라 하나님의 새로운 방법이 대기하고 있습니다. 이미 쥐고 있는 것을 놓기 전에는 새로운 것을 붙잡을 수 없는 것처럼, 우리의 생각과 방법을 잡고 있다면 하나님의 생각과 방법이 들어올 자리가 없습니다.

하나님께서 우리에게 주시는 구원은 단순히 영혼의 구원만을 의미하지 않습니다. 삶의 전반에 걸친 포괄적인 구원입니다.

구원을 의미하는 구약의 히브리어는 '예슈아,(יֵשׁוּעַ)' 입니다.

여호와여 일어나소서 나의 하나님이여 나를 구원(예슈아, יָשַׁע)하소서 주께서 나의 모든 원수의 뺨을 치시며 악인의 이를 꺾으셨나이다 구원(예슈아, יָשַׁע)은 여호와께 있사오니 주의 복을 주의 백성에게 내리소서 시 3:7-8.

'구원' 뿐만 아니라 '구출', '승리', '번영', '건강', '도움' 의 뜻도 담겨 있습니다. 우리에게는 이 모든 것이 필요합니다.[28]

구원을 의미하는 신약의 헬라어는 '소조(σωξω)' 입니다.

그러므로 나의 사랑하는 자들아 너희가 나 있을 때 뿐 아니라 더욱 지금 나 없을 때에도 두렵고 떨림으로 너희 구원(σωτη-ρια)을 이루라 빌 2:12

이 단어 역시 영혼의 구원만을 의미하지 않습니다. 구원받고, 치유되고, 자유케 되고, 보호받고, 회복되는 모든 과정을 아우르는 단어입니다.[29] 믿는 자는 몸과 혼과 영이 온전해져야 합니다. 구원은 시작과 과정과 결과를 모두 포함하기 때문입니다.

우리는 구원의 완전함에 이르기까지 자라가야 합니다. 이전에 죽었던 우리의 영은 예수 그리스도를 영접하는 순간 살아났습니다. 그러나 몸과 혼은 다릅니다. 지, 정, 의를 가지고 있는 혼은 하나님의 말씀으로 치유되고 새로워져야 하며,[30] 몸은 성전으로서 건강하게 회복되어야 합니다.

> 그러므로 형제들아 내가 하나님의 모든 자비하심으로 너희를 권하노니 너희 몸(소마, σωμα)을 하나님이 기뻐하시는 거룩한 산 제물로 드리라 이는 너희가 드릴 영적 예배니라 너희는 이 세대를 본받지 말고 오직 마음(노오스, νοος)을 새롭게 함으로 변화를 받아 하나님의 선하시고 기뻐하시고 온전하신 뜻이 무엇인지 분별하도록 하라 롬 12:1-2.

몸으로 번역된 '소마(σωμα)'는 뼈와 근육을 포함한 살이 아니라 인간 자체를 말합니다. 마음으로 번역된 '노오스(νοος)'는 인간의 모든 지적 활동이 이루어지는 타락한 공간, 바로 우리의 혼을 뜻합니다.

사람의 혼은 저절로 변화되지 않습니다. 새롭게 함으로 변화를 받습니다. 새롭게 하는 주체는 하나님이 아니라 우리 자신입니다. 인격의 하나님은 일방적으로 사람을 다루지 않으십니다. 다만 말씀하시고 반응을 기다리십니다.

자신을 새롭게 한다는 것은 혁명을 일으킨다는 뜻으로 이전의 모든 것을 바꾸는 것입니다. 사람이 자신의 모든 타락한 공간을 새롭게 바꿀 때 변화를 받습니다. 그때 비로소 하나님의 뜻을 분별할 수 있습니다.

물론 하나님은 우리를 있는 그대로 인정해 주셨습니다. 그러나 상태 그대로 유지하며 머물기를 원하지 않으십니다. 변화하고 성숙하기를 원하십니다.

> 그러므로 모든 악독과 모든 기만과 외식과 시기와 모든 비방하는 말을 버리고 갓난아이들과 같이 순전하고 신령한 젖을 사모하라 이는 그로 말미암아 너희로 구원에 이르도록 자라게 하려 함이라 벧전 2:1-2.

구원받은 자에게 변화와 성숙은 필수입니다. 예수 그리스도를 믿는 것으로 끝난 것이 아닙니다. 영은 자라가고 혼은 변화되며 행위는 고쳐져야 합니다. 신약의 모든 서신은 믿지 않은 자가 아니라 믿는 자에게 주신 말씀이라는 것을 알면, 영을 성숙시키고 혼을 변화시키고 행위를 고쳐야 할 이들은 우리 자신이라는 것을 알게 됩니다.

세상에 저절로 되는 것은 없습니다. 예수 그리스도를 믿기 때문에 모든 문제가 해결되고 최상의 일들이 생기며 최고의 자리에 오르는 것이 아닙니다. 우리는 예수 그리스도 안에서 지어져 가는 존재들입니다. 벽돌 하나하나가 쌓이듯이 시간 속에서 지어져 갈 뿐입니다.

사실 마음의 변화는 쉽지 않습니다. 오랫동안 자기 생각에 익숙해져 있기 때문입니다. 그리고 행실은 습관에 길들어져 있어서 반복된 훈련이 있어야만 고칠 수 있습니다. 아울러 속사람인 영이 자라기 전까지 혼은 계속해서 주인 노릇을 합니다. 속사람이 자라는데도 시간이 필요합니다. 우리는 속사람이 성장할 때까지 기다리며 끊임없는 순종을 통해 자신을 훈련시켜야 합니다.

우리의 영이 하나님을 만나면 모든 문제가 해결됩니다. 세상의 것에 마음이 흔들리지 않고, 마음에 고통을 받지도 않습니다. 주님이 산상수훈에서 말씀하셨던 것처럼 오른편을 때리면 왼편을 돌려댈 수 있고, "겉옷을 달라." 하면 속옷을 줄 수 있고, "5리를 가자." 하면 10리를 갈 수 있는 사람이 됩니다. 우리 안에는 세상의 어떤 문제보다 크신 하나님이 계시기 때문입니다. 그래서 우리는 자신을 하나님의 성, 성소로 만들어야 합니다.

소수정예

하나님은 많은 사람을 통해 일하지 않으십니다. 훌륭한 위인을 통해 자신을 드러내지 않으십니다. 세상을 회복할 모든 지혜와 능력이 하나님께 있기 때문입니다. 다만 하나님은 자신을 하나님께 내어주고 무조건 순종할 한 사람을 필요로 하십니다.

반대로 많은 사람이 하나님께 자신의 말을 들어 달라고 부르짖습니다. 자기의 뜻을 관철하려는 소원을 이루기 위해 기도할 뿐 하나님의 뜻을 알기 위해 기도하는 사람은 너무나 적습니다. 하나님의 마음을 알고자 하는 시도조차 없습니다. 하나님을 방해하는 사탄은 세상뿐 아니라 사람 안에 있기 때문입니다.

사람 안에는 하나님의 보좌를 차지하려 했던 사단의 씨앗이 있습니다. 이로 인해 만족을 모릅니다. 사탄의 이런 탐욕이 우리 안에서 자라면 세상의 어떤 진귀하고 영광스러운 것으로도 채워지지 않고 만족하지도 못합니다.

하나님이여! 우리 안에는 하나의 공백이 있는데, 이는 다른 어떤 피조물로도 채워질 수 없고 오직 예수 그리스도를 통하여 하나님만이 하실 수 있습니다. -블레즈 파스칼-

권세를 쥔 사람이 더 큰 권세를 원하는 것은 가진 권세로 만족되지 않기 때문입니다. 평생을 쓰고 남을 만한 재물을 가진 자가 더 큰 재물을 원하는 것도 가진 재물로 만족되지 않기 때문입니다. 이런 모든 것으로도 만족하지 못하는 것은 보좌를 차지하려던 사단의 마음이 사람 안에 있기 때문입니다.

사탄의 이런 마음이 사람을 통해 세상에 드러납니다. 사탄의 거짓이 사람을 통해 세상으로 스며듭니다. 하나님 앞에서 깨어지고 부서지고 빻아지지 않으면 사람은 사탄의 손에 잡힌 흉기가 됩니다. 그러나 완전히 깨어지고 부서지고 빻아지면 사탄의 정체가 드러나고, 사람은 사탄을 밟는 하나님의 도구가 됩니다.

사람은 하나님 앞에서 가장 선한 존재가 될 수도 있고, 가장 악한 존재가 될 수도 있습니다. 하나님께서 거하시는 성전이 될 수도 있고, 사탄이 거하는 소굴이 될 수도 있습니다. 하나님의 나라를 품을 수도 있고, 사탄의 나라를 품을 수도 있습니다. 이 모든 것은 자신의 선택에 달려있습니다.

우리는 소반에 놓인 콩자반 하나에서도 만족과 불만족을 느낍니다. 만족에는 고마움과 감사가, 불만족에는 불평과 비난이 나옵니다. 삶의 만족은 오늘을 감사하며 내일에 대한 기대감을 높입니다. 반면 불만족은 비난의 대상을 찾은 뒤 불평과 비난의 화살을 날립니다.

그러나 우리가 성소에 들어가면 사람은 보이지 않습니다. 우리 자신도 보이지 않습니다. 깨어지고 부서지고 빻아진 존재이기 때문입니다. 우리 안에 있던 사탄의 성품은 이제 하나님의 불에 의해 태워지고 없습니다. 그곳에서 우리는 하나님의 성품과 연결됩니다.

하나님의 마음을 알고 하나님께서 명하신 일에 자신을 드릴 수 있게 됩니다. 이때부터 우리에게 주어진 부르심이 시작됩니다. 그것은 사탄이 하려는 것에 대한 정반대의 견해와 행동, 바로 그것입니다.

> 나는 너희에게 이르노니 너희 원수를 사랑하며 너희를 핍박하는 자를 위하여 기도하라 마 6:44.

원수를 사랑할 수 있다니, 이것보다 더 놀라운 혁명이 있을 수 있습니까? 핍박하는 자를 위하여 기도하라니, 이보다 더 큰 신뢰가 있을 수 있습니까?

우리는 날마다 자신의 육신(자아)을 죽이며 예수 그리스도의 성품을 닮아 가는 삶, 즉 구원을 이루어 가는 삶을 살아야 합니다.31) 그 일을 이루기 위해 하나님은 충만한 능력과 권위를 우리에게 위임하실 것입니다. 그것은 성소에 들어간 사람만이 받을 수 있는 특권입니다.

믿음의 영향력

하나님은 심지가 견고하며 흔들리지 않는 믿음을 가진 사람을 칭찬하십니다. 반면 흔들리는 것은 이미 구원을 받은 영이 아니라 혼입니다. 특히 혼의 리더인 감정은 고약하고 무례한 폭군이어서 자기의 요구에 응하지 않으면 숨조차 쉴 수 없을 정도로 괴롭힙니다. 또 감정은 자신을 속이기까지 하며, 따뜻한 가슴을 찢고 이성과 존경을 자신의 발밑에 짓밟아 버립니다. 이 감정은 결코 "이제 충분하다."고 말하는 법이 없습니다.32)

영에 바탕을 둔 믿음은 심지가 견고해서 흔들리지 않을 뿐 아니라 말씀을 이루기 위해 행동으로 반응합니다. 말씀에 대한 반응이 얼마나 중요했으면 행함이 없는 믿음을 죽은 믿음이라고 하셨겠습니까?

믿는다는 이유로 삶의 전 과정이 면제되는 것은 아닙니다. 믿음은 우리에게 하나님 앞에서의 더 바르고 더 열심 있는 삶을 요구합니다. 그러므로 믿음은 끝이 아니라 시작입니다.

행함이 없는 믿음은 불행하게도 가짜 믿음입니다. 예수 그리스도께서 우리를 위해 피를 흘리시고 우리를 구원하셨기 때문에 예수 그리스도를 입으로 시인하는 순간에 다 되었다고 착각해서는 안 됩니다. 이것은 원수가 주는 가짜 정보입니다.

하나님은 믿는 자에게 열매를 요구하십니다. 열매는 하나님의 보좌 앞에서 맺는 것이 아니라 땅에서 맺어야 합니다. 땅에서의 열매는 하나님의 보좌 앞에서 받을 영원한 영광과 상급의 근거가 되기 때문입니다.

하나님은 아브람의 믿음을 그의 의로 여기셨습니다. 그런데 그것으로 끝이 아니었습니다. 누구든지 처음 시작하는 믿음은 연약하여 언제든지 넘어질 수 있기 때문입니다. 하나님께서 의로 여기셨던 아브람의 믿음도 예외는 아니었습니다.

분명 아브람은 하나님께서 의로 여기시는 믿음을 가지고 있었습니다. 그러나 아들에 대한 하나님의 약속보다는 '여주인의 하녀를 취하여 자식을 낳을 수 있다.'는 당시 사회법을 따랐습니다. 그리고 13년 후에 하나님은 아브람을 향해 "너는 내 앞에서 행하여 완전하리!"고 말씀하셨습니다.

우리는 행함으로 믿음을 증명할 수 있어야 합니다. 예수님은 누가복음 19장에서 10명의 종에 대한 비유를 말씀하셨습니다. 왕 위를 받으러 가는 귀인은 10명의 종에게 각각 1므나씩 주며 사업을 하라고 했습니다. 시간이 흘러 왕위를 받고 돌아온 주인은 종들이 어떻게 사업했는지 확인했습니다. 1명은 1므나로 10므나를 남겼습니다. 그에게는 10고을을 차지하는 권세가 주어졌습니다. 종의 신분에서 왕의 신분으로 바뀌었습니다. 또 다른 1명은 1므나로 5므나를 남겼습니다. 그에게는 5고을을 차지하는 권세가 주어졌습니다. 종의 신분에서 왕의 신분으로 바뀌었습니다. 다른 1명은 사업을 하라는 주인의 명령을 어기고 수건으로 싸 두었습니다.

그는 주인의 종에서 원수로 전락했고 죽임을 당했습니다. 다른 7명은 자신의 주인이 왕이 되는 것을 원치 않았고, 결국 죽임을 당했습니다.

왕이 인정한 '착한 종'이라는 칭찬과, 그로부터 받은 고을을 다스릴 권세는 예배와 찬양에 근거한 것이 아니라 삶에 근거를 둔 판결이었습니다.

므나는 종의 신분으로 살아간 자들에게 주어진 믿음을 상징합니다. 예수님은 우리에게 믿음이라는 동일한 선물을 주셨습니다. 그리고 믿음의 결과물을 요구하십니다. 그것이 구원입니다. 믿음으로 구원을 이루어 가는 행위를 달아보신 하나님은 영원한 영광과 상급을 주십니다.

하나님은 사람을 차별하지 않으십니다. 다만 사람이 스스로 차이를 만들어 갈 뿐입니다. 같은 므나를 받은 종들 가운데 주인을 만족시킨 2명의 종이 있습니다. 또 책망을 들은 1명의 종이 있습니다. 주인을 인정하지 않은 7명의 종이 있습니다. 믿음을 가진 이들 중에 불과 20%만이 결과물을 가져 왔습니다. 주인은 그들을 왕으로 임명했습니다.

하나님 앞에서 사람의 가치는 자기의 뜻을 관철하는데 있지 않습니다. 오직 순종에 달려있습니다. 순종은 낮아짐을 전제로 합니다. 자기를 비운 사람만이 할 수 있습니다. 하나님 앞에서 순종이 가치 있는 이유는 원수 사탄이 결코 할 수 없는 것이기 때문입니다.

단지 예배와 찬양이 믿음을 증명하는 것은 아닙니다. 그것은 당연한 의무입니다. 의무를 했다고 영광과 상급이 주어지는 것은 아닙니다. 하나님은 의무보다 더 큰 것을 요구하십니다. 그것이 바로 절대적인 순종입니다.

하나님께서 행하시는 모든 일은 큰일이고, 우리가 행하는 모든 일은 상대적으로 작은 일입니다.

> 너희는 이제 가만히 서서 여호와께서 너희 목전에서 행하시는 이 큰 일을 보라 삼상 12:16.

> 그 주인이 이르되 잘하였도다 착하고 충성된 종이 네가 작은 일에 충성하였으매 내가 많은 것을 네게 맡기리니 네 주인의 즐거움에 참여할지어다 하고 마 15:21.

우리가 행하는 것이 비록 작은 일일지라도 하나님은 큰 것으로 보상하십니다. 바로 주인의 즐거움입니다. 그 즐거움은 바로 하나님을 경외하는 자가 하나님의 보좌 앞에서 받는 것입니다.

겸손

최고의 겸손은 하나님 앞에 자신의 모든 것을 내려놓습니다. 자신이 할 수 있는 것은 그저 기다림뿐이라는 사실을 알고 주님 앞에 서 있습니다. 기다림은 성숙과 온전한 관계를 기초로 합니다. 하나님에 대한 절대적인 신뢰가 하나님을 기다리게 합니다. 사실 하나님에 대한 우리의 신뢰보다 우리를 향한 하나님의 신뢰가 더 크다는 것을 아는 사람은 기다릴 수 있습니다.

사람은 실패를 통해 깨어지고, 깨어짐을 통해 성숙합니다. 하나님은 믿음을 가졌다는 이유로 문제의 산과 고난의 골짜기를 뛰어넘거나 피하도록 하지 않으십니다. 그 길을 걸으면서 깨어지고 부서져야 하기 때문입니다. 모양이 다르고 기간이 다를 뿐 누구도 면제는 없습니다. 물론 실패를 두려워할 필요도 없습니다.

죄를 지어서 실패한 것이 아니라면, 실패는 반드시 유익을 가져옵니다. 죄를 지어서 넘어진 것이 아니라면, 넘어진 우리는 더 높아집니다. 이런 일련의 일을 통해 우리는 더 성숙하고 하나님을 더 닮습니다.

원래의 자연적 형체를 유지한 것은 그것이 무엇이든 성소에 들어가지 못합니다. 형체를 알아볼 수 없을 정도로 깨어진 후에 비로소 성소로 들어갈 수 있습니다. 다 부서졌으니 자기 소리가 나지 않고, 자기 생각을 주장하지 않습니다. 그때부터 겸손히 순종하며 삶이 변화되기 시작합니다.

　하나님을 닮은 자는 겸손할 수 있습니다. 하나님은 자신의 성품을 닮은 겸손한 자와 함께 하십니다. 반대로 원수는 겸손한 자에게 손을 댈 수 없습니다. 원수가 흉내낼 수 없는 하나님의 성품을 소유한 하나님의 성이기 때문입니다.

사랑의 모양

살아가면서 만나는 모든 사람은 우리 삶의 일부분입니다. 그들의 기쁨과 슬픔이 우리에게 영향을 미쳤습니다. 우리의 성공과 실패가 그들에게 영향을 미쳤습니다. 그 속에서 우리는 모양은 다르지만 분명히 사랑을 주고 받았습니다.

사랑이 무엇입니까? 사랑의 원래 뜻은 '연결하다. 묶다.' 입니다. 즐거워하는 자들과 함께 즐거워하고 우는 자들과 함께 울 수 있는 것, 그것이 바로 사랑입니다. 연결되어 있기 때문입니다. 하나님은 자신을 우리와 연결하셨습니다. 묶으셨습니다. 그래서 우리가 아프고 힘들 때 하나님도 함께 아파하고 힘들어 하십니다.

우리는 사랑에 대하여 말할 때면 사랑의 주체를 생각합니다. 누가 사랑하느냐에 관심을 가집니다. 그래서 남녀간의 사랑을 '에로스, ἔρος' 라 합니다. 스승과 제자 혹은 친구의 우정을 '필레오, Φίλεω' 라 합니다. 가족과 혈육의 사랑을 '스톨게, στοργή' 라 합니다. 하나님의 사랑을 '아가페, αγαπη' 라 합니다. 그러면서 자신이 할 수 있는 가장 만만한 사랑을 찾습니다. '아가페'는 하나님의 사랑이기에 아예 저만치 멀리 둡니다. 이런 우리의 생각이 맞으면 성경은 오류가 생깁니다.

> 사람이 친구를 위하여 목숨을 버리면 이에서 더 큰 사랑(αγα-πην)이 없나니 요 15:13.

친구를 위한 사람의 사랑인데 예수님은 분명 '필레오'가 아니라 '아가페'로 말씀하셨습니다. 하나님은 누가 사랑할 것인가를 묻지 않으십니다. 다만 어떤 사랑을 할 것인가를 물으십니다.

우리는 신앙 안에서 사랑의 여정 중에 있습니다. 아가페로 가는 과정을 지나고 있습니다. '에로스'는 자기만족을 위한 사랑입니다. 마치 울다가 금방 해맑은 웃음을 터트리는 아이와 같은 수준의 사랑입니다. '필레오'는 계산적인 사랑입니다. 손해를 볼 것 같으면 언제든 외면하고 돌아서는 수준의 사랑입니다. '스톨게'는 의무적인 사랑입니다. 최선을 다한 자기 의에 만족하는 종교적인 사랑입니다. '아가페'는 '하나님처럼' 입니다.

> … 요한의 아들 시몬아 네가 이 사람들보다 나를 더 사랑(αγα-πας)하느냐?… 요 21:15.

주님이 물으시는 사랑은 '아가페' 입니다. 우리가 저 멀리 던져두었던 바로 그 사랑을 물으십니다. '아가페'는 너무 크고 부담되어서 멀리해야 할 사랑이 아니라 반드시 해야 할 사랑입니다. 우리는 '에로스'에서 출발해서 '필레오'를 지나고 '스톨게'를 거친 후 '아가페'로 가야 합니다. 하나님은 우리에게 "누가 사랑할 것인가?"를 묻지 않으시고, "어떻게 사랑할 것인가?"를 물으시기 때문입니다.

사랑이 친밀함을 만듭니다. 사랑하는 부모와 자녀보다 더 희생적인 관계가 있습니까? 사랑하는 연인보다 더 친밀한 관계가 있습니까? 부모는 자녀를 전적으로 사랑하고 자녀는 부모를 전적으로 신뢰합니다. 사랑으로 묶여있기 때문입니다. 연인 사이에는 전혀 부끄러움이 없습니다. 몸은 떨어져 있어도 마음은 서로를 향합니다. 사랑으로 묶여있기 때문입니다.

최상의 기도는 "하나님! 우리에게 더 큰 능력 주소서! 하나님! 우리에게 더 좋은 직분 주소서!"가 아닙니다. "하나님! 우리 죄를 용서해 주옵소서! 우리가 흉악한 죄를 지었나이다."도 아닙니다. 하나님께서 원하는 최상의 기도는 "아버지! 제가 아버지를 더 많이 사랑하고 싶습니다. 아버지께로 더 가까이 나아가고 싶습니다. 아버지 말씀하옵소서! 제가 따르겠습니다."는 기도입니다.

기도의 최종 목적은 기도 그 자체입니다. 기도는 아버지와의 교통이기 때문입니다. 기도는 예배의 축소판이고 삶은 예배의 확장판이라는 사실을 알면, 우리는 언제나 하나님과 친밀할 수 있습니다.

사랑이 없는 친밀함은 없습니다. 그래서 하나님과의 친밀함은 '언제나 하나님처럼, 언제나 하나님과 함께' 입니다. 이것이 생의 목적이어야 합니다. 모든 기도와 예배와 삶의 목적이며 반드시 성소로 들어가야 할 이유입니다. 하나님은 사랑하는 자녀, 하나님께 귀 기울이며 자기에게로 나아오는 자녀를 향하여 이렇게 말씀하십니다.

"보좌를 경험하라!"

그리고 친히 열린 문에서 기다리고 계십니다. 사탄과 그 추종자들이 차지하려다가 실패한 바로 그 보좌를 자녀인 우리에게 주고자 하십니다. 죽으면 죽으리라는 각오로 열린 휘장 앞에 서는 사람만이 보좌를 경험할 수 있습니다. 더불어 변화와 성숙을 위한 돌파가 시작됩니다. 비로소 삶을 역전하고 주어진 부르심을 감당할 수 있습니다. 그 때 영광 가운데 친히 함께하시며 우리를 이긴 자로 세워 주십니다.

이기는 그에게는 내가 내 보좌에 함께 앉게 하여 주기를 내가 이기고 아버지 보좌에 함께 앉은 것과 같이 하리라
계 3:21

미 주

1) 엘리스테어 페트리, 「이 땅 고쳐 주소서」, 채슬기 역,
   (서울: 낮은울타리, 2001), p. 47.
2) 폴 브랜드, 필립 얀시, 「몸이라는 선물」, 윤종석 역,
   (서울: 두란노, 2020), p. 147.
3) 샘 스톰즈, 「우리 세대를 위한 조나단 에드워드 신앙감정론」, 장준호 역,
   (서울: 복 있는 사람, 2019), p. 51-52 참조.
4) 제시펜 루이스와 이반 로버츠, 「성도들의 영적 전쟁」, 벧엘서원 번역부 역,
   (경기: 벧엘서원, 2008), p. 139 참조.
5) J. Rouw, 「황금의 집」, 황인출, 오진관 역, (서울: 전도출판사, 1991), p. 21.
6) 「카리스종합주석, 구약 제45권」, 강병도 편저,
   (서울: 기독지혜사, 2012), p. 48 참조.
7) 「카리스종합주석, 구약 제16권」, 강병도 편저,
   (서울: 기독지혜사, 2003), p. 321 참조.
8) A.W.토저, 「내 자아를 죽여라」, 이용복 역, (서울: 규장, 2018), p. 28.
9) 로버트 스턴스, 「모르드개의 통곡」, 임정아 역,
   (서울: 순전한 나드, 2010), p. 74.
10) 필립 얀시, 「놀라운 하나님의 은혜」, 윤종석 역,
    (서울: 한국기독학생회출판부, 2008), p. 111.
11) 제임스 W. 골, 마이클 앤 골, 「영광의 왕과 마주치다」, 신상문 역,
    (서울: 토기장이, 2008), p. 81.
12) 프랭크 휴스톤, 「갇힘에서의 돌파」, 최형근 역,
    (인천: 도서출판 바울, 1999), p. 117.
13) 더치 쉬즈, 「회복」, 김지현 역, (서울: 두란도, 2007), p. 87.
14) 토미 테니, 「돌이킴」, 유종희 역, (서울: 두란노서원, 2008), p. 235.
15) 앤 보스캠프, 「나는 더 이상 상처에 속지 않는다」, 손현선 역,
    (서울: 사랑플러스, 2017), p. 60.
16) 알렌 키란, 「당신의 운명을 장악하라」, 장보석 역,
    (서울: 순전한 나드, 2009), p. 70.

17) 프랑소아 페넬롱, 「그리스도인의 완전」, 김창대 역,
　　　(서울: 브니엘, 2019), p. 136.
18) 더치 쉬즈, op. cit., p. 100.
19) 네빌고다드, 「네빌고다드의 부활」, 이상민 역,
　　　(서른세개의 계단, 2022), p. 176.
20)「칼빈 성경 주석 8」, 존·칼빈성경주석출판위원회 편역,
　　　(서울: 성서교재간행사, 1992), p. 461.
21) 「카리스종합주석, 구약 제45권」, op. cit., p. 45 참조.
22) 「카리스종합주석, 신약 제9권」, 강병도 편저,
　　　(서울: 기독지혜사, 2006), p. 546.
23) 존 로렌 샌포드, 「열방을 치유하라」, 임종원 역,
　　　(서울: Shekinah, 2009), p. 159.
24) 「카리스종합주석, 구약 제16권」, op. cit., p. 164.
25) 「카리스종합주석, 신약 제2권」, (서울: 기독지혜사, 2005), p. 636.
26) 앤드류 머레이,「완벽한 항복」, 벧엘서원번역부,
　　　(경기: 벧엘서원, 2014), p. 49.
27) 박윤식,「하나님의 구속사적 경륜으로 본 신묘한 영광의 비밀 성막과 언약궤」,
　　　(서울: 휘선, 2019), p. 311.
28) 샌디 프리드,「한계를 돌파하라」, 심현석 역,
　　　(서울: 순전한 나드, 2014), p. 150.
29) Ibid., p. 16.
30) 바바라 웬트로블,「당신은 기름부음 받은 자」, 권지영 역,
　　　(서울: Shekinah, 2007), p. 196.
31) 릭 조이너,「하나님의 부르심」, 예태해 역, (서울: 은혜출판사, 2007), p. 8.
32) 프랑소아 페넬롱, op. cit., p. 136.

참고문헌

- A.W.토저, 「내 자아를 버려라」, 이용복 역, 서울: 규장, 2018.
- J. Rouw, 「황금의 집」, 황인출, 오진관 역, 서울: 전도출판사, 1991.
- 강병도 편저, 「카리스종합주석, 구약 제16권」, 서울: 기독지혜사, 2005.
- 강병도 편저, 「카리스종합주석, 구약 제45권」, 서울: 기독지혜사, 2012.
- 강병도 편저, 「카리스종합주석, 신약 제2권」, 서울: 기독지혜사, 2005.
- 강병도 편저, 「카리스종합주석, 신약 제9권」, 서울: 기독지혜사, 2006.
- 네빌고다드, 「네빌고다드의 부활」, 이상민 역, 서른세개의 계단, 2022.
- 더치 쉬즈, 「회복」, 김지현 역, 서울: 두란노, 2007.
- 로버트 스턴스, 「모르드개의 통곡」, 임정아 역, 서울: 순전한 나드, 2010.
- 릭 조이너, 「하나님의 부르심」, 예태해 역, 서울: 은혜출판사, 2007.
- 바바라 웬트로블, 「당신은 기름부음 받은 자」, 권지영 역, 서울: Shekinah, 2007.
- 박윤식, 「하나님의 구속사적 경륜으로 본 신묘한 영광의 비밀 성막과 언약궤」, 서울: 휘선, 2019.
- 샌디 프리드, 「한계를 돌파하라」, 심현석 역, 서울: 순전한 나드, 2014.
- 샘 스톰즈, 「우리 세대를 위한 조나단 에드워드 신앙감정론」, 장준호 역, 서울: 복있는 사람, 2019.
- 알렌 키란, 「당신의 운명을 장악하라」, 장보석 역, 서울: 순전한 나드, 2009.
- 앤 보스캠프, 「나는 더 이상 상처에 속지 않는다」, 손현선 역, 서울: 사랑플러스, 2017.
- 앤드류 머레이, 「완벽한 항복」, 벧엘서원번역부, 경기: 벧엘서원, 2014.
- 엘리스테어 페트리, 「이 땅 고쳐 주소서」, 채슬기 역, 서울: 낮은울타리, 2001.
- 제시펜 루이스와 이반 로버츠, 「성도들의 영적 전쟁」, 벧엘서원 번역부 역, 경기: 벧엘서원, 2008.
- 제임스 W. 골, 마이클 앤 골, 「영광의 왕과 마주치다」, 신상문 역, 서울: 토기장이, 2008.
- 존 로렌 샌포드, 「열방을 치유하라」, 임종원 역, 서울: Shekinah, 2009.

- 존·칼빈성경주석출판위원회 편역, 「칼빈 성경 주석 8」, 서울: 성서교재간행사, 1992.
- 토미 테니, 「돌이킴」, 유종희 역, 서울: 두란노서원, 2008.
- 폴 브랜드, 필립 얀시, 「몸이라는 선물」, 윤종석 역, 서울: 두란노, 2020.
- 프랑소아 페넬롱, 「그리스도인의 완전」, 김창대 역, 서울: 브니엘, 2019.
- 프랭크 휴스톤, 「갇힘에서의 돌파」, 최형근 역, 인천: 도서출판 바울, 1999.
- 필립 얀시, 「놀라운 하나님의 은혜」, 윤종석 역, 서울: 한국기독학생출판부, 2008.

C·O·N·T·E·N·T·S ··························· 보좌를 경험하라 1

서 문 열린 문 앞에 서는 자

여정의 시작 "내가 너의 예배를 몇 개나 받았는지 아니?"
    완전한 패배
    자아
    육체의 본성
    깨뜨리심

가 치 "너는 나의 보배니라! 나는 너의 보화니라!"
    하나님의 보배
    대체불가의 존재
    영혼몸
    영과 혼
    몸

관 계 "네 가문의 우상숭배니라!"
    단절
    항복
    아버지와 아들
    존재와 관계
    관계와 배제
    하나님과 연합
    관계의 방해물

죄 "사람에게는 선한 것이 정말 하나도 없단다!"
    본성적 악
    자기 착각
    사람의 길과 하나님의 길

자 세 "너는 사역을 내려놓아라! 그리고 무릎을 꿇고 배워라!"
　　주인과 종
　　종의 의무
　　순종의 방해물 – 자아
　　순종의 방해물 – 수치
　　순종의 방해물 – 경험과 두려움

상 태 "너는 나를 가짜라고 하지 않았니?"
　　혀 – 성도의 권세
　　말 – 쌍날 검
　　조급함 – 불완전한 믿음

자 아 "시편에 너의 이름을 넣어서 읽어라! 그러면 좋은 일이 있을 것이다."
　　은혜 – 기경하기
　　가나안 7족속 – 가라지들
　　자기만족
　　교만과 두려움
　　양보 없는 전쟁
　　신앙으로의 길

바깥뜰 그곳은 거대한 체스판이었습니다.
　　삶의 모습
　　몸의 역할
　　바깥(이방인의) 뜰의 기도
　　　·이방인의 기도　·경솔한 기도　·탐욕의 기도